역사를 질문하는 역사

1 전근대 한국사

생각을 여는 질문으로
사고력을 키우는 역사 토론 수업

역사를 질문하는 역사 1 전근대 한국사

김선진 지음

곰곰

교과서와 상식을 의심하며,
역사를 보는 눈을 기르기!

"이거 교과서에는 이렇게 쓰여 있던데요?"

학생들은 흔히 역사 교과서를 진리라고 생각합니다. 오랫동안 시험의 근거가 되어 왔으니 학생들에겐 교과서가 의심의 여지 없는 경전처럼 느껴졌을 것입니다. 그러다 보니 아무리 재밌게 수업하더라도 결국 역사는 교과서를 외워야 하는 과목이 되어 버렸지요. 문제는, 교과서의 내용을 그대로 받아들이는 것만이 역사 공부가 아니라는 데에 있습니다.

역사는 사실과 해석의 학문이라고들 합니다. 사실은 객관적이고 변하지 않으며, 해석은 주관적이고 상황과 관점에 따라 변화합니다. 그런데 역사적 사실은 과거의 일이라 온전히 알기가 어렵습니다. 그래서 역사가들은 과거를 알 수 있는 사료(史料)를 수집하고, 그것에 의미를 부여하여 역사를 만들어 나갑니다. 이때 역사가가 처한 상황과 그들의 관점에 따라 역사 해석은 달라집니다. 같은 사실을 다루더라도 해석은 다를 수 있는 것입니다. 교과서에 쓰인 역사도 마찬가지입니다. 교과서도 역사적 사실을 다룬 해석의 하나일 뿐이기에, 얼마든지 다르게 읽을 수 있는 거죠!

이 책의 목적은 역사 해석의 다양성을 보여 주는 것입니다. 이를 위해 전근대 한국사를 색다르게 바라볼 수 있는 14개 주제를 선정했습니다. 각 장에서는 역사는 계속해서 진보한다는 믿음에 의문을 던지기도 하고, 비판 없이 사용하던 역사 용어가 타당한지 따져 묻기도 합니다. 또한 특정한 역사적 사건이 관점에 따라 어떻게 다르게 보이는지 탐구하고, 같은 시대에서도 역사의 조명을 누구에게 비추면 좋을지 고민하도록 여러분을 이끌 것입니다.

독자들이 이 책을 읽으며, 역사가 사실 그 자체가 아니라 다양한 해석이 만들어지는 복잡한 과정 안에 있다는 점을 느끼면 좋겠습니다. 또한 교과서와 상식을 넘어서서, 역사를 주체적으로 해석할 수 있는 눈을 기르는 데 도움이 되기를 바랍니다. 무엇보다 책이 재밌게 읽힌다면 더할 나위 없이 기쁠 것입니다.

이 책은 시대순으로 구성했기에 처음부터 읽어도 좋지만, 가장 흥미로운 주제를 먼저 골라 읽는 것도 괜찮습니다.

책을 쓰기까지 많은 분의 도움을 받았습니다. 먼저, 2021년 경안중학교 3학년 학생들에게 감사합니다. 이 책은 그들과 했던 수업을 청소년 교양서의 형식으로 확장한 것입니다. 학생들이 동의해 준 덕분에 토론 수업에서 나눈 의견 중 일부를 '너의 생각을 들려줘' 코너에 소개해 독자분과 함께 생각할 거리를 풍성하게 갖출 수 있었습니다. 주제에 대한 학생들의 다양한 생각을 읽어 볼 수 있다는 점은 이 책의 묘미 중 하나라고 생각합니다.

책의 아이디어를 수립하고 내용을 구성하는 과정에서 동료 선생님들과 연구자들에게 많은 영향과 도움을 받았습니다. 함께 공부하고 생각을 나누었던 분들과 조언과 지원을 아끼지 않으신 선배 선생님들께도 감사합니다. 저도 제가 공부해 온 것을 나누려고 합니다. 책을 쓰며 도움을 받은 자료들은 참고문헌에 꼼꼼히 적어 두었습니다. 역사를 좋아하고 더 깊이 공부하려는 분들에게 쏠쏠한 길잡이가 되기를 바랍니다. 더불어 이 책이 여러 연구자의 노력과 동료 선생님들의 열정을 소개하는 작은 창문의 역할도 할 수 있으면 좋겠습니다.

끝으로 책이 나오기까지 저자의 사소한 요청까지도 세심하게 들어주며 소통한 휴머니스트 편집진과 책 쓰기의 고난을 함께 나누며 동고동락한《역사를 질문하는 역사》2권의 저자 최광영 선생님께 각별한 감사를 전합니다. 그리고 원고를 꼼꼼하게 읽고 비전공자의 시선에서 날카롭게 비판해 준 아내와, 아들의 책이 나오길 기다리며 틈틈이 격려해 주신 부모님께 깊은 사랑과 존경, 감사를 담아 머리말을 매듭짓습니다.

김선진

차례

1장

농경과 목축으로 인간의 삶이 나아졌을까요?

●

한반도에는 약 70만 년 전부터 사람이 살기 시작했습니다. 그때 사람들은 무리 지어 이동하며 사냥과 채집으로 먹을거리를 구했습니다. 돌을 서로 부딪쳐 떼어 낸 뗀석기라는 도구를 사용했지요. 이 시기를 구석기시대라고 부릅니다.

약 1만 년 전부터는 신석기시대가 시작되었습니다. 이때는 돌을 갈아 만든 간석기를 사용했습니다. 먹고사는 방식도 이전 시대와 달라졌습니다. 신석기시대에는 농경과 목축을 하게 되었습니다. 한반도 사람들은 돌로 만든 농기구로 조, 피 같은 곡식을 재배하거나 돼지나 염소 등을 사육하며 생활을 이어 갔습니다.

인간의 삶은 시간이 흐를수록 나아졌을까요?

역사를 처음 공부할 때 빠지기 쉬운 함정이 하나 있습니다. 바로 역사에서 묘사하는 시간이 얼마나 긴지를 가늠하기가 어렵다는 점입니다. 역사책, 그중에서도 역사의 큰 흐름을 다루는 책은 수백 년, 수천 년에 걸쳐 일어난 일을 짧게 요약해 서술하는 경우가 많습니다.

특히 선사시대⁝의 역사는 수백만 년에 걸쳐 있음에도 단 몇 줄의 문장으로 압축되곤 합니다. 그래서 선사시대의 역사를 읽다 보면 마치 한 인간이 갓난아기에서 성인으로 성장하는 듯한 느낌을 받게 됩니다. 겨우 두 발로 걷기 시작하던 동물에서, 도구와 불을 사용하는 인류로, 그리고 농사를 짓고 가축을 기르는

⁝ 인류 등장에서부터 인류가 처음으로 문자 기록을 남기기 이전까지의 기간을 이르는 말이다. 구석기, 신석기시대와 청동기시대 일부를 포함한다.

인간으로, 마침내는 국가를 이루어 살아가는 문명인으로. 인간의 삶은 몇 단계의 도약을 거쳐 점점 더 나아진 것으로 여겨집니다. 그리고 이는 시간이 흐를수록 인간의 삶이 점차 발전했을 거라는 막연한 믿음을 갖게 합니다. 마치 어른이 아이보다 성숙하다고 생각하는 것처럼요.

그런데 이러한 인식은 타당할까요? 시간이 흐르고, 역사 속에서 변화가 일어날 때마다 인간의 삶은 더 나아져 갔을까요? 이번 장에서는 구석기시대 사람들과 신석기시대 사람들을 비교해 보면서, 인간의 삶이 실제로 점점 더 나아졌는지 살펴봅시다.

의식주를 근본적으로 바꾼 농경과 목축

역사가들은 약 1만 년 전 신석기시대 사람들이 농사를 짓고 가축을 기르기 시작한 것이 인간의 삶을 근본적으로 바꾼 중요한 사건이었다고 이야기해 왔습니다. 그렇다면 농경과 목축은 인간의 삶을 어떻게 바꿔 놓았을까요?

수백만 년 전 인류가 처음 등장한 이래로, 인류는 도구를 만들고, 불을 활용하며, 언어를 사용한다는 점에서 점차 다른 동물과 구별되었습니다. 하지만 식량을 얻는 방식만큼은 오랫동안 다른 동물들과 크게 다르지 않았습니다. 인간은 동물을 사냥하거나 식물을 채집해 먹고살았지요. 그러나 언제 어디서나 먹을거리를 구할 수 있는 건 아니었기에 식량을 찾으러 돌아다녀야 했습니다. 먹을거리가 풍부한 곳에 터전을 잡더라도 계절이 변하면 동식물의 분포도 바뀌었으므로 또다시 새로운 장소로 이동해야 했어요. 이동하며 생활한 탓에 오래 머물 집을 짓지 않고 동굴이나 바위 그늘, 임시로 지은 막집에서 생활했습니다.

그러다 약 1만 년 전, 인류의 생활이 크게 바뀌었습니다. 바로 식량을 얻는 방식이 변했기 때문이에요. 여전히 사냥과 채집으로도 식량을 얻었지만 이 무렵부터 점차 식물을 재배하고 동물을 기르는 것이 식량을 얻는 주된 방식이 됩니다.

비옥한 땅에 씨를 뿌리고 잘 보살피면 몇 배의 수확물로 돌아오는 농업은 당대 사람들에게 놀라운 일이었을 것입니다. 비슷한 시기에 인간은 동물들 가운데 온순한 녀석들을 골라 가축으로 기르기 시작했습니다. 양과 염소, 소, 말, 돼지, 닭이 인간의 목장 울타리 안으로 들어오게 되었죠. 그 덕에 인간은 사냥이 실패할 것을 걱정하지 않고 언제든지 동물들의 고기와 젖, 알과 가죽을 이용할 수 있게 되었어요. 이제 인간은 식량을 찾아다니는 존재에서 식량을 생산하는 존재로 변화한 것입니다.

농사를 짓고 가축을 기르면서 사람들은 정착 생활을 하게 되었습니다. 한 곳에 터를 잡으면서 인간의 의식주 또한 크게 변

고대 이집트의 무덤 벽화에 묘사된 쟁기질하는 농부의 모습. 농경과 목축, 정착 생활 등 신석기 문화는 한반도에서 기원전 8000년 경에 시작되었다.

했습니다. 먼저, 동굴이나 바위 그늘이 아닌 집다운 형태를 갖춘 거주 공간을 지어 생활합니다. 대표적으로 움집이 있어요. 움집은 바닥을 움푹 파서 지은 집으로, 가운데 불을 지피는 화덕 자리가 있었습니다. 이후 집은 용도에 따라 방을 구분해 사용하는 형식으로 점차 발전해 나가게 됩니다.

계절이 바뀌어도 이동하지 않고 한 지역에 살게 되면서 사람들은 이전보다 더욱 정교하게 옷을 제작했습니다. 가락바퀴라는 도구를 이용해 실을 만들고, 동물 뼈로 만든 바늘에 실을 연결해 천을 꿰매서 옷을 지어 입었지요. 또한 가축과 작물에서 옷의 재료가 되는 가죽과 섬유를 얻었습니다.

흙으로 빚은 그릇인 토기도 이 시대의 대표적인 유물입니다. 신석기인들은 토기로 무엇을 했을까요? 아마 식량을 저장했을 겁니다. 농경 생활 초기에 인류가 기른 작물은 대체로 쌀과 밀, 보리 같은 곡류였습니다. 곡류는 보관만 잘하면 1~2년 정도는 두고 먹을 수 있었어요. 또한 토기를 활용해 음식을 삶거나 찔 수 있게 되었습니다. 그 결과 인류는 음식의 영양분을 더 효율적으로 섭취하게 되었고 인구수도 크게 늘었습니다.

역사가들은 농경과 목축으로 인한 이 같은 변화를 통틀어 '신석기 혁명'이라고 부릅니다. 혁명은 관습을 깨뜨리고 단번에 새로운 변화가 일어나는 것을 말합니다. 즉 신석기 혁명이란 말은 신석기시대에 인간 생활을 획기적으로 바꾼 거대한 변화가 일어났다는 의미를 담고 있지요.

농경과 목축은 인간 집단에 어떤 변화를 가져왔을까요?

농사를 지으면 자연 상태와 비교했을 때 같은 면적의 땅에서 얻을 수 있는 식량의 양이 많아집니다. 그러면 더 많은 사람이 함께 살 수 있겠지요? 게다가 정착 생활을 하면서 보다 안정적으로 임신과 출산을 할 수 있었어요. 이동 생활을 하던 시절에는 돌봄이 필요한 아이들을 데리고 다니려면 신경 쓸 것이 많았기 때문에 아이를 많이 낳지 않았습니다. 그러나 정착민은 그럴 필요가 없어 식량만 충분하다면 계속 아이를 낳을 수 있었습니다. 이는 인구의 폭발적 증가로 이어졌어요.

인구가 많아지면서 이전보다 더 많은 식량이 필요해집니다. 이를 위해 인간은 농사의 규모를 늘려야 했고, 그러자면 더 많은 사람이 필요했어요. 이때부터 같은 핏줄의 사람들이 모여 씨족 공동체를 만들었고, 몇 개의 씨족 공동체가 모여 부족을 형성했습니다. 이들은 커다란 마을 공동체를 만들어 생활했습니다. 구석기시대보다 큰 규모의 공동체가 만들어진 것이지요.

씨족 공동체에서 사람들은 할 일이 점점 많아졌습니다. 먼저, 인구를 부양하기 위해 식량 생산량을 늘려야 했습니다. 그러려면 곡식이 잘 자라도록 농경지에 물을 대고 잡초를 뽑아야 했습니다. 맹수로부터 가축을 지키고, 가축의 털을 깎고 젖을 짜는 일도 해야 했지요. 생산된 식량을 저장하고 운반하는 일도 식량 생산 못지않게 중요했습니다. 저장한 식량을 다른 부족이 가져갈 수 없도록 지키는 것 또한 필요했습니다. 여러 부족이 서로를 공격해 식량을 빼앗는 일이 종종 벌어졌거든요.

일이 많아지면서 다양한 직업이 등장했습니다. 농부와 양치기만으로는 큰 공동체를 운영하기 어려웠습니다. 이웃 부족의 위협에 맞설 군인이 필요했고 군대에 무기를 대 줄 장인의 역할도 중요해졌어요. 식량을 저장하고 운반하는 사람과 그것을 판매하는 상인도 나타났습니다. 거대한 공동체 안에서 일어나는 크고 작은 갈등을 중재하는 사람들도 등장합니다. 이러한 다양한 직업은 충분한 식량이 존재했기에 등장할 수 있었습니다. 잉여 식량이 충분하지 않았다면 사람들은 오로지 농사에만 전념하고 다른 일에 시간을 쏟을 수 없었을 테니까요.

이 모든 변화는 사냥과 채집에서 농경과 목축으로 생활 방식을 전환한 데서 시작됐다고 할 수 있습니다.

농경과 목축 때문에 삶이 더 힘들어졌다고요?

여기까지만 보면, 신석기 혁명은 인류 발전의 중요한 변곡점이라 할 수 있습니다. 그런데 신석기 혁명은 정말 긍정적인 변화만 가져왔을까요?

최근 역사가들은 꼭 그렇게만 볼 수는 없다고 주장합니다. 먼저 영양 측면을 살펴보겠습니다. 역사가들은 당연히 구석기인이 신석기인보다 영양 상태가 좋지 않을 거라고 짐작했습니다. 사냥과 채집으로 그때그때 먹거리를 마련했으니 균형 잡힌 식단을 섭취하기 어려웠으리라고 생각했지요. 그런데 웬 걸요!

두 시대의 유골을 과학적으로 비교, 분석해 봤더니 구석기인이 신석기인보다 더 건강한 경우가 많았습니다. 구석기인은 사냥과 채집을 했기에 신선한 고기와 과일, 채소 등을 먹을 수 있었기 때문입니다. 또한 여러 종류의 음식을 통해 다양한 영양분을 섭취하기도 했습니다. 매번 똑같은 동물을 사냥할 수도 없었고, 원하는 식물을 아무 데서나 구할 수 있는 것도 아니었기 때문이에요.

반면에 신석기인의 영양 상태는 썩 좋지 않았습니다. 주로 밀, 보리, 쌀과 같은 곡식을 먹다 보니 탄수화물 외에 다른 영양소를 골고루 섭취하기 어려웠던 것입니다. 게다가 일부 식물만 재배했기 때문에 가뭄이나 병충해에 취약했습니다. 예컨대 밀 농사를 짓는 해에 밀 곰팡이가 퍼지면 많은 사람이 굶어 죽는 일이 발생했습니다. 고기를 섭취하는 것도 쉬운 일이 아니었어요. 가축을 길렀는데 왜 고기를 먹지 못했을까요? 사냥한 동물과 달리 집에서 기르는 동물은 곧 재산이었기 때문입니다. 오래 키워서 새끼도 보고, 농사일에 동원해서 재산을 불려야 했지요.

신석기인들은 이전까지 앓지 않았던 여러 질병에도 노출됩니다. 과학자들의 분석에 따르면, 농경 생활을 한 인간의 유골에서 디스크와 관절염의 흔적이 자주 발견된다고 합니다. 농사를 지을 때 허리를 숙이거나 관절을 쓰는 일이 많았기 때문으로 추정됩니다.

가축을 기르면서 동물에게만 나타나던 질병이 인간에게 옮겨지기도 합니다. 인수공통감염병(인간과 동물이 공통으로 감염되는 병)이 등장한 것입니다. 전 세계를 강타한 코로나19 바이러스도 박쥐에게 있던 바이러스가 변이되어 인간에게 옮은 것이란 추측이 있지요? 인간이 가축을 기른 이후 동물과 접촉할 일이 많아지면서, 홍역, 천연두, 인플루엔자(독감) 등 원래는 동물이 걸리던 감염병이 사람에게 발병하기 시작했답니다. 그런데 신석기 시대에는 많은 사람이 공동체를 이루어 살았기 때문에 한번 감염병이 유행하면 질병이 쉽게 전파되고 피해도 매우 컸습니다.

신석기 혁명 이후 사람들의 여가도 줄어들었습니다. 구석기 시대에 사람들은 사냥과 채집할 때를 제외하면 자유 시간을 보냈습니다. 하지만 농경과 목축으로 인해 사람이 해야 할 일이 많아집니다. 농사란 씨앗을 뿌려 놓고 기다리면 저절로 이루어지는 마법이 아니었습니다. 식물이 잘 자랄 수 있도록 땅을 파서 물을 끌어오고, 잡초를 열심히 제거해야 했습니다. 또한 메뚜기와 참새 무리로부터 농작물을 지켜야 했어요. 목축 역시 손이 많이 가는 일이었습니다. 가축들의 먹이를 챙기고 건강을 돌봐야 했으며, 야생동물이 가축을 해치지 못하도록 경계해야 했지요.

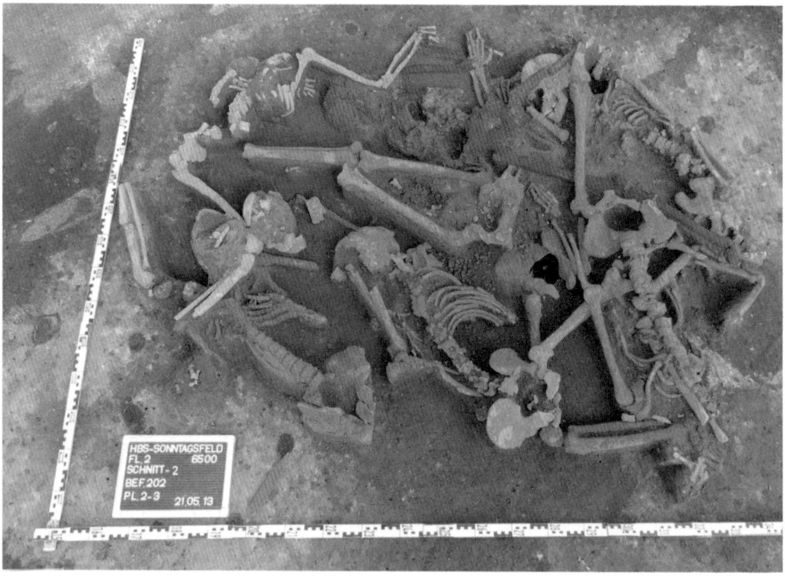

2013년 독일의 할버슈타트에서 발견된 신석기시대 유골은 그 당시 조직적인 폭력이 발생했음을 보여 준다. 이보다 30여 년 앞선 1983년에도 독일 탈하임에서 비슷한 폭력의 흔적이 발견된 바 있다.

정착 생활을 하면서 싸움의 규모도 커졌습니다. 이동 생활을 할 때도 무리 간에 식량과 영역을 둘러싼 다툼이 있었습니다. 하지만 정착 생활 이후의 싸움은 단순한 영역 다툼에 그치지 않았습니다. 상대를 죽여 농지와 가축을 빼앗고, 심지어 적을 노예로 삼아 부릴 수 있었어요. 경작지와 축사, 식량 창고를 빼앗기면 도망가더라도 굶어 죽을 것이 뻔했기 때문에 방어하는 쪽도 목숨을 걸고 싸울 수밖에 없었습니다. 그러다 보니 전쟁에 가까울 정도의 폭력이 자행되기도 했습니다.

농경은 장기적으로 계급사회의 출현을 이끌기도 했어요. 농경 사회가 성장하면서 저장한 곡식과 기르는 가축이 사람들의 재산으로 취급되었어요. 이후 사람들 사이에 빈부격차가 심화되면서 계급이 발생하게 되었답니다. 지배자와 그를 돕는 관리들은 육체노동에서 해방되고 풍족한 생활을 누렸지만, 피지배층인 대다수는 고된 노동에 시달리며 간신히 살아갈 수 있을 만한 식량에 의존해 삶을 이어가야 했습니다. 공동체 구성원의 복지를 책임지는 국가가 등장하기까지는 수천 년의 세월이 더 흘러야 했고요. 이렇듯 농경과 목축은 인간 사회에 계급과 불평등이라는 부작용을 안겨 주었습니다.

신석기 혁명이란 말의 함정, 다른 방식으로 살아간 사람은 없었을까요?

그런데 '신석기 혁명'이라는 용어를 그대로 받아들이면, 마치 약 1만 년 전부터 지구상의 모든 사람이 농경과 목축을 시작하고 정착 생활을 한 것처럼 느껴질 수 있습니다. 하지만 이는 사실이 아니에요.

정착 생활을 하려면 자급자족이 가능한 환경, 즉 농경에 적합한 기후가 필요했기 때문입니다. 비가 적게 내리는 건조한 지역에서는 식물이 잘 자라지 않아서 이런 지역의 사람들은 다른 방식으로 살아가야 했습니다.

그중 한 가지 방식이 유목(遊牧)이었어요. 유목은 이동하며 가축을 기르는 생활 방식을 말합니다. 유목민은 소, 말, 양, 낙타 등을 기르며 그들의 고기와 젖과 가죽으로 생활했습니다. 유목민은 한 장소에서 가축에게 풀을 먹이다가 풀이 부족해지면 다른 장소로 이동했습니다. 건조한 기후에서는 풀이 빨리 자라지 않기에 어쩔 수 없는 선택이었어요. 유목민은 계절에 따라 이동했는데, 여름에는 넓은 평야에 가축을 풀어놓았고 겨울에는 추위를 피해 산 아래나 계곡 사이에서 생활했어요.

그렇다면 유목민의 삶은 구석기시대 수렵채집민이나 신석기시대 농경민의 삶보다 더 나았을까요? 유목은 건조한 지역에 사는 사람들에게 적합한 생활 방식이었지만 유목민의 삶도 마냥 순탄치만은 않았습니다. 가뭄이나 한파가 닥치면 평야의 풀들이 다 죽어 버렸고, 이에 유목민과 가축들이 목숨을 잃기도 했습니다. 또 생활에 필요한 물건을 전부 직접 만들 수 없었던 유목민은 종종 정착민이 사는 도시를 찾아가 교역하거나, 그들의 지역을 침략해 물건을 빼앗아 쓰기도 했어요. 유목민 역시 어떤 면에서는 구석기인이나 신석기인처럼 순탄치 않은 삶을 살았던 것입니다.

이처럼 신석기 혁명으로 농경과 목축을 통한 식량 생산이 가능해졌지만, 모든 인류가 생활 방식을 바꾼 것은 아니었답니다. 유목민뿐만 아니라 농경을 하지 않고 수렵과 채집으로 생활하는 사람들도 여전히 존재했어요.

농경과 목축으로 인간의 삶은 진보했나요?

오랫동안 사람들은 신석기 혁명으로 인간의 삶이 더 나아졌다고 생각해 왔습니다. 물론 수만 년 전의 구석기인과 현재의 우리를 비교하면 분명 많은 차이를 발견할 수 있습니다. 그리고 그 차이를 인간이 진보한 결과라고 생각할 수도 있을 거예요. 그런데 이러한 설명은 수천 년에 걸쳐 다양한 형태로 이루어진 변화를 선형적으로 이해하도록 하는 문제가 있습니다. 인류가 변화해 온 역사를 자세히 들여다보면, 언제나 과거보다 오늘 더 진보했거나 전 지구적으로 모두가 하나의 방향을 향해 나아간 것은 아니었습니다. 먹을거리를 찾아 이곳저곳 헤매야 했지만 비교적 자유롭고 영양 상태도 좋았던 구석기인이 있었던 반면, 그로부터 시간이 많이 흘렀음에도 불구하고 영양 상태는 부실

하고 여가를 누릴 수 없었으며 새로운 질병에 노출된 신석기인도 있었어요. 신석기시대라고 일컬어지는 시기에도 어떤 사람들은 농경 대신 지역의 기후적 특성에 적응해 유목이라는 방식으로 살아갔지요.

그렇다면 과연 신석기 혁명으로 인간의 삶이 더 나아졌다고 단언할 수 있는 걸까요? 또 신석기 혁명이 가져온 변화가 그 당시를 살았던 한 사람 한 사람에게는 어떤 의미였을까요?

너의 생각을 들려줘

신석기 혁명으로 인간의 삶은 더 나아졌다고 생각한다. 농사를 짓기 시작하면서 농사용 도구를 만들었고, 더 효율적인 도구를 개발하기 위해 새로운 자원을 이용했다. 그래서 신석기시대 이후 청동기시대와 철기시대가 열린 것이다. 이처럼 인류는 끊임없이 새로운 것에 관심을 가지며 전에 없던 것을 만들어 냈다. 그러니 농경과 목축은 인간의 삶을 향상시키는 출발점이었다고 볼 수 있다.

농사를 지으면 굶주릴 걱정 없이 잘 살 줄 알았을 것이다. 하지만 자연재해라도 발생하면 식량 부족에 시달렸던 데다 늘어난 식량은 빈부격차를 가져와 나중에 계급이 생기는 바탕이 되기도 했다. 게다가 인류는 농사를 짓기 시작한 이후 일에 얽매인 삶을 살게 되었다. 아침 일찍부터 종일 농사를 짓는 하루가 쳇바퀴처럼 반복된 것이다. 평범한 회사원의 삶을 생각해 보면 이런 일상은 오늘날까지 이어지고 있다. 그렇다면 농경과 목축을 마냥 긍정적으로 볼 수 있을까?

개인과 인류를 구분해서 봐야 한다고 생각한다. 인류의 차원에서 생각해 보면 농경과 목축은 장점이 많은 것 같다. 인구가 늘고 문명이 발전하면서 인류의 생활 수준이 크게 나아졌기 때문이다. 그런데 만약 내가 선사시대에 태어났더라면 어땠을까? 어쩌면 구석기시대가 신석기시대 이후보다 사람이 살기에 더 나은 환경이었을지도 모른다. 더 많은 여가를 즐기며 자유롭게 살 수 있었고, 다양한 영양소를 섭취한 데다가 전염병의 위험도 적었을 테니 말이다. 오랜 역사 속에서 인류가 진보했다고 하더라도 개개인의 삶도 언제나 더 나아졌다고 볼 수 있을까?

환경문제가 신석기 혁명에서부터 시작된 것은 아닐까 하는 생각이 들었다. 오늘날까지도 사람들은 땅을 개간해서 농경지로 만들거나 대규모 농경지를 만들기 위해 숲을 태워 버린다. 그 과정에서 땅이 오염되거나 숲에 살던 동물들이 터전을 잃고 환경이 파괴된다. 또한 인간이 목축을 시작한 이후 야생동물들은 가축화되어 사육당하는 삶을 살아가게 되었다. 이런 면에서 볼 때, 신석기 혁명이 인간에게는 좋은 일이었을지도 모르지만 다른 생물들에게는 그렇지 않았을 가능성이 높다고 생각한다.

2장

고조선의 역사는 우리 민족의 기원을 보여 줄까요?

청동기시대를 맞아 만주와 한반도 지역에서 농업 생산력이 향상되면서 사람들 사이에 빈부격차가 발생하고 계급사회가 등장했습니다. 이에 따라 강한 권력을 가진 정치 세력을 중심으로 국가가 만들어졌습니다.

이때 한국 역사상 최초의 국가로 알려진 고조선⁝이 등장합니다. 고조선 건국과 관련해서는 단군신화가 유명합니다. 단군은 고조선을 세운 인물로, 신화에서는 하늘 신의 아들인 환웅과 곰에서 인간으로 변한 웅녀 사이에서 태어난 것으로 묘사됩니다. 고조선은 청동기 문화를 바탕으로 만주와 한반도 북부 지역을 지배하다가 기원전 108년 중국 한나라와의 전쟁에서 패하면서 사라졌습니다.

⁝ 고조선의 본래 이름은 '조선'이다. 오늘날에는 1392년 이성계가 세운 조선과 구분하기 위해 오래되었다는 의미의 '고(古)' 자를 붙여 '고조선'이라는 표현을 쓴다. 이성계의 조선이 건국되기 전에, 고려시대 일연이 쓴 《삼국유사》에서는 위만이 왕위를 빼앗기 이전의 고조선을 '고조선', 위만 집권 이후의 고조선을 '조선'이라 구분하여 전한다.

고조선에 관해 얼마나 알고 있나요?

고조선은 한국 역사상 최초의 국가로 알려진 나라입니다. 한국인들은 고조선의 역사에 관심이 많은데, 고조선이 한국 민족의 뿌리라고 생각하기 때문입니다. 사람들은 한국인이 어떻게 형성되었고, 언제부터 한반도에 살기 시작했는지 궁금해합니다. 그리고 고조선의 역사를 통해 이런 궁금증을 해소하려고 합니다.

하지만 고조선에 관해 알 수 있는 사실은 그리 많지 않습니다. 워낙 오래된 역사이기도 하고, 고조선 사람들이 직접 남긴 역사책도 비석도 없기 때문입니다. 그러다 보니 고조선에 관한 정보는 후대 사람들이 남긴 역사책이나 중국의 기록을 통해 얻습니다. 유물과 유적으로 고조선 역사에 대한 실마리를 찾기도 하고요.

이렇게 얻은 정보를 종합해 한국인들은 고조선의 모습을 상상하고, 고조선의 역사를 만들어 왔습니다. 그렇다면, 고조선에 관해 우리에게 알려진 역사는 얼마나 진실에 가까울까요? 그리고 우리는 오래된 역사를 재현하는 과정에서 어떤 교훈을 얻을 수 있을까요? 이번 장에서는 고조선의 역사에 관한 몇 가지 이야기를 다시 짚어 볼 것입니다. 단군신화, 고조선의 건국 연도, 고조선의 영토에 관한 이야기를 살펴보면서, 어떤 태도로 역사를 대해야 할지 여러분의 생각을 정리해 보기를 바랍니다.

단군신화는 진실을 비추는 거울인가요?

하늘 신의 아들인 환웅이 널리 인간을 이롭게 하겠다는 포부를 갖고 인간 세상에 내려옵니다. 이때 환웅은 비, 바람, 구름 신을 함께 데려옵니다. 환웅의 무리는 사람들에게 농사짓는 법을 가르치며 인간 세상을 다스립니다. 그러던 어느 날 환웅의 소식을 접한 곰과 호랑이가 그를 찾아옵니다. 곰과 호랑이는 인간이 되고 싶다고 호소합니다. 환웅은 쑥과 마늘만 먹으며 동굴에서 100일을 버티면 사람이 될 수 있다고 약속합니다. 호랑이는 버티지 못하고 포기하지만, 곰은 잘 버텨 내서 인간이 되는 데 성공합니다. 그가 바로 웅녀입니다. 이후 환웅과 웅녀가 혼인하여 낳은 아들이 단군왕검입니다. 단군왕검은 자라서 고조선을 세웁니다.

위 글은《삼국유사》에 전하는 단군신화의 내용을 간략하게 정리한 것입니다. 이 신화는 곰이 인간으로 변하는 기이한 내용을 담고 있어 전부 믿기는 어렵습니다. 그러나 몇몇 역사가들은 신화의 내용을 잘 해석하면 고조선에 대해 알 수 있는 사실도 있다고 주장합니다. 신화는 역사적 사실을 어느 정도 반영하는 먼지 낀 거울이라는 것입니다.

가령 환웅은 하늘 신을 믿는 부족으로, 곰과 호랑이는 각각 특정한 동물을 숭배하는 부족으로 생각해 볼 수 있습니다. 이렇게 보면 다른 지역에서 이주해 온 환웅 부족이 먼저 살던 곰 부족과 연합해 고조선을 세운 것으로 해석할 수 있습니다. 호랑이를 숭배하는 부족은 건국 과정에서 밀려난 것이죠.

고조선을 세운 환웅 세력이 농경을 중시했다는 것도 알 수 있습니다. 환웅이 하늘에서 데려온 비, 바람, 구름 신은 날씨를 상징합니다. 날씨는 농사를 짓는 데 아주 중요한 요소입니다. 신화에 등장하는 쑥과 마늘에서도 환웅 부족이 농사를 지었음을 유추할 수 있어요. 이렇듯 신화를 은유적으로 해석하면 기이한 신화에서도 역사적으로 의미 있는 내용을 알아낼 수 있습니다.

그런데 과연 단군신화에 대한 이러한 해석이 역사적 사실과 일치할까요? 분명하게 그렇다고 대답하기는 어렵습니다. 고조선 때부터 단군신화가 존재했다고 볼 만한 증거가 없기 때문입니다.

우리가 알고 있는 단군신화는 고려시대의 승려 일연이 1281년에 완성한 《삼국유사》를 바탕으로 한 것입니다. 《삼국유사》는 고려 사람들 사이에 퍼져 있던 이야기를 기록한 책인데, 이 이야기가 1,000년도 훨씬 더 전인 고조선 때부터 똑같이 전해졌다고 믿기는 어렵습니다. 게다가 비슷한 시기인 1287년에 이승휴가 쓴 책 《제왕운기》에 전하는 단군신화에는 곰과 호랑이가 아예 등장하지 않습니다.

이런 점을 생각할 때, 우리는 신화를 통해 역사적 진실을 밝혀내려는 시도에 좀 더 조심스럽게 접근해야 합니다.

기원전 2333년, 믿을 수 있는 숫자일까요?

역사 연표 대부분은 기원전 2333년을 고조선의 건국 연도로 밝히고 있습니다. 우리 민족은 무려 4,300년이 넘는 오랜 역사를 가진 셈이지요. 그런데 오래전 일의 연도를 어떻게 정확하게 알 수 있었을까요?

결론부터 말하자면, 이 숫자에 확실한 근거가 있는 것은 아닙니다. 《삼국유사》에 따르면, 단군왕검이 고조선을 세운 시기는 요임금이 중국을 다스리던 때라고 합니다. 조선시대에 편찬된 역사책《동국통감》에는 고조선이 건국된 연도를 요임금이 중국을 다스리던 무진년(戊辰年)이라 짚습니다. 이 무진년을 계산하면 기원전 2333년이므로 고조선의 건국 연도를 기원전 2333년이라고 본 것이지요.

그런데 문제는 고조선 건국 연도를 계산할 때 기준으로 삼는 중국 요임금이 전설 속 인물이란 데에 있습니다. 요임금은 순임금과 함께 고대 중국을 잘 다스린 성군으로 유명합니다. 그래서 흔히 태평성대를 '요순시대'라고 부르기도 하지요. 하지만 중국 또한 요임금이 실재 인물인지, 존재했다면 언제 적 사람인지 명확한 근거를 가지고 있지 않습니다. 그러니 기원전 2333년에 단군왕검이 고조선을 건국했다는 것은 엄밀히 따지면 확실하지 않습니다.

역사 속 (고)조선이란 명칭은 기원전 7세기 무렵 중국의《관자》라는 책에 처음 등장합니다. 이 책에는 중국 제나라와 8,000여 리 떨어진 (고)조선과의 교역에 대한 기록이 있습니다. 그래서 적어도 기원전 7세기 무렵엔 고조선이 중국인들도 알 만한 유명한 나라였다는 것을 짐작할 수 있습니다.

고조선의 영토는 어디까지였을까요?

사람들은 고조선의 영토가 얼마나 넓었는지 궁금해합니다. 고조선의 영역을 과거 우리 민족이 활동한 무대라고 생각하기 때문입니다. 역사 교과서에는 고조선의 영역을 나타낸 지도가 나옵니다. 지도에 따르면, 고조선은 중국의 요동과 만주, 한반도 북부 지방을 아우르는 거대한 국가였습니다.

이런 지도는 어떤 근거로 만들었을까요? 당시 사람들이 국경선에 박아 둔 말뚝이라도 발견한 것일까요? 아니면 국경선을 표시한 고지도나 옛 기록을 참고했을까요?

현재 고조선의 범위를 나타낸 지도는 유물의 분포를 통해 추측한 것입니다. 만주와 한반도에서 발견되는 청동기시대 유물과 유적은 중국에서 발견되는 것들과는 확연히 다릅니다. 청동검의 모양도, 무덤의 모양도 다르지요. 그래서 역사가들은 만주와 한반도에서 자주 발견되는 비파형 동검과 탁자식 고인돌을 고조선의 고유한 문화적 특징으로 이해합니다. 비파형 동검과 탁자식 고인돌이 발견되는 지역을 묶어 고조선의 세력 범위라고 본 것입니다.

하지만 이것이 곧 고조선의 영토를 의미하지는 않습니다. 문화는 국경 밖으로 전해질 수도 있기 때문입니다. 예를 들어 비

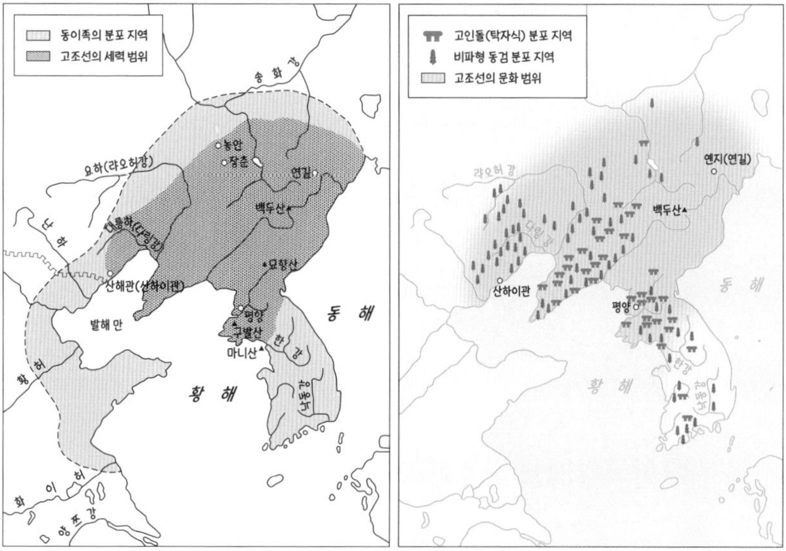

중학교 교과서에 실린 고조선 지도. 1990~1995년 중학교 학생들이 배운 왼쪽 지도는 고조선의 영역을 '세력 범위'로 지칭하고 분명한 선으로 구분하고 있다. 또한 동이족(한국인의 조상으로 여겨지는 종족)**의 분포 지역을 넓게 표시했다. 현재**(2022년) **중학교 학생들이 배우는 오른쪽 지도는 '세력 범위' 대신 '문화 범위'라는 표현을 쓰고 경계도 모호하게 처리했다.**

파형 동검은 전쟁이나 무역을 통해 고조선의 영토가 아닌 곳에 전파될 수 있습니다. 따라서 최근 역사가들은 고조선의 영역을 나타내는 지도를 그릴 때, 영토나 '세력 범위'라는 표현 대신 '문화 범위'라는 표현을 사용합니다. 또한 국경선을 명확하게 그리지 않고 흐릿하게 표시합니다.

고조선처럼 오래된 국가의 영토를 지도에 표현하는 것은 쉽지 않은 일입니다. 고대의 영토 개념은 현재와 다르기 때문입니다. 오늘날에는 각국의 영토가 국경선으로 명확하게 나뉘어 있습니다. 하지만 고대에는 국경선 자체도 불분명하고, 한 국가의 세력 범위 안에 있더라도 국가의 지배력이 닿지 않는 곳이 있었습니다. 고대의 영토는 면적이라기보다는 마을과 마을을 연결하는 선에 가까웠답니다.

한국사에서 고조선과 단군을 주목한 때

고조선의 역사는 한국사에서 여러 번 주목받았습니다. 어떤 시대, 어떤 상황에서 고조선 역사에 좀 더 관심을 보였을까요?

먼저, 13세기 후반 단군왕검과 고조선에 관한 책들이 여러 권 나옵니다. 앞서 언급한 《삼국유사》와 《제왕운기》가 대표적입니다. 고려가 몽골제국의 침입을 당해 간섭을 받던 때에 쓰인 책들이지요.

14세기 후반 고조선의 역사는 다시 주목을 받습니다. 이성계가 고려를 무너뜨리고 새로 세운 나라의 국호(나라의 이름)를 조선이라고 정했기 때문입니다. 고려는 고구려를 계승한 국가였기에 고려에서는 백제나 신라를 부흥하려는 움직임이 일기도 했습니다. 이성계가 삼국보다 더 이전에 존재했던 국가이자 한반도 전체의 숭배 대상이 될 수 있는 고조선을 계승한다고 한 데에는 사회구성원들을 통합하려는 의도가 있었다고 볼 수 있습니다.

고조선과 단군의 역사가 또다시 강조된 때는 대한제국 시기와 일제강점기였습니다. 1905년 을사늑약이 체결되면서 대한제국의 외교권이 일본에 넘어갑니다. 이후 대한제국은 사실상 일본의 보호국으로 전락합니다. 이때 독립운동가 나철은 단군을 섬기는 종교를 개창해 사람들의 민족의식을 고취하고 일본에 저항하려고 노력했습니다.

비슷한 시기에 독립운동가 신채호도 민족의식을 고취하는 데 힘썼습니다. 그는 이순신, 을지문덕처럼 전쟁 상황에서 나라를 지킨 인물들을 소개하는 글을 씁니다. 또한《대한매일신보》에〈독사신론〉이라는 글을 연재해 단군을 강조했습니다. 그는 우리 민족의 역사가 오래되고, 우리 민족이 과거에 활동하던 영토가 한반도를 넘어 만주와 중국 요서 지방까지 이르렀다고 주장했습니다. 신채호, 나철과 같은 독립운동가들의 노력은 빼앗긴 국권을 되찾기를 소망하는 한국인들의 마음을 모으는 데 도움을 주었을 것입니다.

고조선의 역사를 통해 우리 민족의 기원을 알 수 있을까요?

오래된 역사를 어떻게 바라보아야 하는가의 문제는 참 쉽지 않은 고민거리입니다. 고조선의 역사는 실제로 존재하는 것이기도 하지만, 긴 세월 동안 시대적 요구와 기대에 부응하며 구성된 것이기 때문입니다. 고조선의 역사는 여러 차례 주목받으며 오늘날 한국사 교과서의 한 꼭지를 장식하게 되었습니다. 그리고 고조선의 역사와 단군신화는 한국인으로서의 정체성을 형성하는 데 영향을 미쳤습니다.

일부 사람들은 한 걸음 더 나아가 고조선의 역사가 가능한 한 유구하고, 영토는 넓었기를 바라기도 합니다. 그래서 자칫하면 근거가 부족한 불분명한 사실을 토대로 고조선의 역사가 과장될 수도 있습니다. 역사에서는 그러한 과장과 왜곡을 경계해야 합니다. 그렇다면 우리는 고조선의 역사를 어떤 자세로 대해야 할까요? 과연 고조선의 역사를 통해 우리 민족의 기원을 알 수 있는 것일까요? 여러분은 어떻게 생각하나요?

너의 생각을 들려줘

고조선의 역사로 우리 민족의 기원을 조금은 알 수 있다고 생각한다. 신화와 설화, 유적과 유물 등으로 고조선의 역사를 어느 정도 추측할 수 있지만, 구체적이고 정확하게 알 수는 없다. 너무 오래된 역사라서 기록이 엇갈리기도 하고, 고조선 이후에 쓰인 역사서를 참고해야 하기 때문이다. 하지만 자잘한 사실보다도 고조선이 한반도에 세워진 최초의 나라라는 점이 중요하지 않을까? 몽골의 침입, 일제강점기 등으로 나라가 어려울 때 고조선의 존재는 우리 민족이 정체성을 찾고 단합할 수 있는 기둥이 되어 주었기 때문이다.

검증된 자료만 믿는 것이 낫다고 생각한다. 역사는 사실에 근거해야 한다. 정확하지 않은 자료를 확실한 것처럼, 아주 오래전 일까지 다 통달할 수 있는 것처럼 이야기하면 더 큰 의심을 불러온다. 몇 년 전 단군신화에 등장하는 곰과 호랑이가 각각의 동물을 숭배하는 인간 부족이라고 해석한 책을 본 적이 있다. 왜 정확한 증거도 없이 마음대로 신화를 해석할까 하는 의문이 들었다. 불확실한 정보로 의심을 키우기보다는 명확한 사실을 배우는 것이 낫다고 생각한다. 오래된 역사를 가지고 우리 민족의 기원을 시원하게 알고자 하는 것은 지나친 욕심인 것 같다.

역사를 알려면 여러 역사가의 해석에 귀기울여야 한다. 과거에 일어난 일을 모두 정확히 알 수는 없으므로 역사가의 해석을 바탕으로 과거의 기록을 판단할 수밖에 없다. 대신 여러 해석을 참고하며 균형을 잡아야 한다. 특히 고조선처럼 전해 내려오는 자료가 부족한 역사에는 후대 사람들의 해석이 큰 영향을 미친다. 이때 고조선의 역사를 과장하거나 왜곡하지 않도록 주의해야 하지만, 지나치게 엄격한 잣대를 앞세워 해석의 여지를 축소하는 것도 조심해야 한다고 생각한다.

3장

근초고왕·광개토왕·진흥왕, 꼭 기억해야 할까요?

●

고조선 멸망을 전후해 한반도와 만주의 여러 지역에서는 철기 문화를 바탕으로 작은 부족 국가들이 성장하고 있었습니다. 이 중 일부는 주변 국가들을 정복하고 강력한 중앙집권 국가로 성장했습니다. 대표적인 나라가 백제, 고구려, 신라입니다. 이 세 나라가 경쟁하던 시기를 '삼국시대'라고 부릅니다.

세 나라는 수백 년 동안 한반도 지역의 주도권을 두고 다퉜습니다. 4세기 백제가 근초고왕 때 위세를 떨치고, 5세기 고구려가 광개토왕과 장수왕 시절에 세력을 크게 넓힙니다. 신라는 6세기 무렵 진흥왕 때 고구려, 백제와 벌인 전쟁에서 승리해 많은 영토를 차지했습니다. 이처럼 삼국시대에는 전쟁이 끊이지 않았습니다.

시험에서 강조하는 삼국시대

여러분은 한국사를 왜 공부하나요? 아마 시험을 잘 보기 위해서라고 대답하는 학생들이 많을 것입니다. 학교에서는 주로 교과서를 기준 삼아 역사를 공부합니다. 시험문제는 정답이 정해져 있고, 교과서에서 출제되기 때문입니다. 그러다 보니 모두가 똑같은 역사적 사실을 배우고 암기합니다. 역사는 사실을 다루는 학문이어서 똑같이 배워야 할 것 같기도 하지만, 한편으로 역사가 사실에 대한 해석이라는 점을 생각하면 누구나 똑같은 해석을 하고 있다는 점이 의아하기도 합니다.

교과서에 실린 삼국시대 역사에서는 유독 중앙집권과 영토 확장을 강조하는 경향이 있습니다. 삼국시대의 역사는 고구려, 백제, 신라가 작은 부족 국가에서 시작해 점차 주변 국가들과의 경쟁과 전쟁을 통해 강력한 중앙집권 국가로 '성장'했다고 서술합니다. 그리고 그 최고의 전성기로 백제의 근초고왕, 고구려의 광개토왕, 신라의 진흥왕 시기를 부각합니다. 이 세 왕이 다스리던 시기에 각국이 영토를 크게 넓혔기 때문입니다. 교과서에 실린 지도 또한 4세기의 백제, 5세기의 고구려, 6세기의 신라가 한반도에서 얼마나 세력을 확장했는지 화살표로 표시해 강조하고 있지요.

이것이 우리가 아는 삼국시대의 역사입니다. 그런데 영토를 크게 넓힌 왕들에 대해 알면 삼국시대를 충분히 안다고 할 수 있을까요? 강성한 나라와 왕 들의 행적 이면에 다른 역사가 존재하지는 않을까요?

근초고왕·광개토왕·진흥왕, 왜 기억하는 것일까요?

한국사 교과서나 시험에서 평범한 사람들보다 왕들에 더 주목하는 이유는 무엇일까요? 무엇보다도 왕의 업적을 기록한 문헌 자료가 풍부하기 때문입니다.

현재까지 전하는 가장 오래된 역사책은 고려시대에 김부식이 쓴 《삼국사기》입니다. 《삼국사기》는 삼국시대 각국의 왕과 주요 인물에 대한 이야기를 중심으로 서술한 역사책입니다. 그러다 보니 자연히 왕에 대한 기록들이 많이 남아 있습니다. 특히 백제의 근초고왕, 고구려의 광개토왕, 신라의 진흥왕에 관해서는 다른 왕들보다 남아 있는 사료(역사 연구에 필요한 문헌, 유물 등)가 풍부합니다.

백제의 제13대 왕 근초고왕(재위 346~375)은 영토를 크게 넓히고 여러 전쟁에서 승리했습니다. 371년에 벌인 평양성 전투에서 고구려의 고국원왕을 전사시키기도 했습니다. 백제 왕으로서는 최초로 중국의 역사책에 기록되었을 뿐만 아니라 일본의 역사책에도 등장합니다. 이는 근초고왕이 정복 활동은 물론 외교 방면에서도 성과를 냈다는 것을 보여 줍니다.

광개토왕(재위 391~412)은 고구려의 제19대 왕입니다. 그가 죽은 뒤 붙여진 '광개토(廣開土)'라는 칭호는 땅을 크게 개척했다는 의미입니다. 광개토왕은 남쪽으로는 백제를 공격해 많은 성을 빼앗고, 북으로는 거란과 숙신, 후연 세력과 싸워서 이겼습니다. 또한 왜군의 침략을 받은 신라를 도와주기도 했어요. 그가 죽은 뒤, 아들 장수왕이 '광개토대왕릉비'라는 높이 약 6.39m의 거대한 비석을 세우고 거기에 아버지의 업적을 새겨 놓기도 했지요.

신라의 제24대 왕 진흥왕(재위 540~576) 역시 신라의 영토를 크게 넓힌 왕입니다. 신흥왕 때 신라는 한강 유역을 차지하고 가야를 정복했습니다. 빼앗은 영토에는 비석을 세워 신라의 영토임을 강조했습니다.

그런데 삼국시대 왕들은 왜 그토록 영토 확장에 힘썼던 것일까요? 수많은 왕 중에서도 영토를 크게 넓힌 이들을 특히 주목하는 까닭은 무엇일까요?

삼국시대에 사람들의 생업은 농업이 주를 이루었기에 농경지를 확보하는 것은 왕과 지배층의 운명이 걸린 일이었지요. 게다가 당시에는 농업 기술이 그리 발달하지 않아서 같은 땅에서 연달아 농사를 짓기 어려웠습니다. 한 해 농사를 짓고 나면 땅의 영양분이 떨어져서 다음 해엔 땅을 쉬게 해 주어야 했어요. 해마다 비옥한 땅에서 농사를 지으려면 정복 전쟁을 통해 새로운 영토를 확보하는 일이 관건이었습니다.

군사적으로 중요한 요충지를 확보하는 것도 중요했습니다. 신라는 진흥왕 때 한강 유역을 확보하면서 비로소 중국과 교류할 수 있게 되었습니다. 백제가 한강 유역을 차지하고 있었을 때 신라는 중국과 교류하려면 백제의 사신을 따라가야 했습니다. 이런 점을 이용해 백제는 신라가 자신들의 속국이라고 중국에 거짓으로 고하기도 했습니다. 하지만 한강 유역을 확보한 후로 신라는 중국과 직접 외교 관계를 맺을 수 있게 되었습니다. 백제에 의존하지 않고 주체적인 외교 활동이 가능해진 겁니다.

이런 관점에서 볼 때, 역사 교과서와 한국사 시험에서 정복

전쟁을 이끌고 영토를 확장한 왕들에게 주목하는 것을 이해할 수 있지 않을까요?

피지배층의 시선으로 바라본 삼국시대는 어떤 모습일까요?

그런데 이것으로 충분할까요? 영토 확장을 이룩한 왕들을 기억하면 삼국시대의 역사를 제대로 이해하는 것일까요?

영토 확장은 곧 전쟁을 의미합니다. 삼국시대는 전쟁이 빈번했고, 특히 근초고왕, 광개토왕, 진흥왕 때는 그 정도가 더욱 심했습니다. 당연히 평범한 사람들의 삶이 평안할 리 없었겠지요. 당시 사람들의 삶이 어땠는지 알 수 있는 사료는 많지 않지만, 유물과 유적, 설화 등을 통해 유추해 볼 수는 있습니다.

삼국시대 유적 중에는 산성이 유독 많습니다. 산성은 말 그대로 산 위에 쌓은 성입니다. 현재 우리나라에 있는 산성의 수는 무려 2,000여 개에 이른다고 합니다. 이중 상당수가 삼국시대에 축조된 것으로, 당시 전쟁이 얼마나 빈번하고 치열했는지를 보여 줍니다. 한반도의 70% 이상이 산지이기 때문에 산성이 많다고 볼 수도 있지만, 전쟁이 자주 일어나지 않았다면 굳이 고생해서 험난한 산 위에 성을 쌓을 이유가 없었을 것입니다. 대표적으로, 고구려 때 만들어진 오녀산성은 깎아지를 듯한 절벽 위에 있습니다. 살기 위해 절벽에 내몰렸던 사람들은 어떤 심정이었을까요?

《삼국사기》 '열전' 편에 실린 가실과 설씨녀 이야기도 잦은 전쟁으로 힘들었던 피지배층의 삶을 잘 보여 주고 있습니다.

> 신라 진평왕 때 가실은 같은 동네에 사는 설씨녀를 짝사랑했습니다. 그런데 어느 날 설씨녀가 슬퍼하는 모습을 보게 됩니다. 설씨녀의 늙은 아버지가 군대에 끌려가게 된 것입니다. 가실은 설씨녀의 아버지를 대신해 군대에 가겠다고 합니다. 설씨녀는 고마워하며 가실이 돌아오기를 기다렸다가 혼인하겠다고 약속합니다. 그리고 거울을 절반으로 쪼개 가실과 약속의 징표로 나누어 가졌습니다. 그런데 군대에서 돌아오기로 한 3년이 지나도 가실이 오지 않았습니다. 6년이 되어도 가실이 돌아오지 않자, 설씨녀의 아버지는 그가 죽은 줄로 알고 딸을 다른 남자와 결혼시키려고 합니다. 이때 초췌한 몰골의 남자가 마을에 나타납니다. 사람들은 누추한 모습에 그가 누구인지 알아보지 못했으나, 깨진 거울 조각을 맞춰 보고 가실이란 것을 알게 됩니다. 결국 가실과 설씨녀는 약속대로 혼인할 수 있었습니다.

국가는 가실에게 3년이면 군 생활을 마치고 집에 돌아갈 수 있다고 약속했습니다. 하지만 실제로 가실이 고향에 돌아온 것은 6년이 지나서였습니다. 장기간 이어진 전쟁으로 사랑하는 사람과 기약 없는 생이별을 해야 했던 것입니다. 많은 사람이 징집되고, 오랜 전쟁 노역에 시달렸음을 엿볼 수 있습니다.

게다가 전쟁에서 승리해 국가의 영역이 넓어져도 그 성과가 골고루 분배되지 않았습니다. 삼국시대에는 귀족과 평민 간 삶의 격차가 심했습니다. 상류층은 매우 풍족한 식생활을 누렸어요. 고구려 무덤 벽화에는 귀족들의 고기 창고가 그려져 있는데, 이 그림에는 꿩과 돼지, 노루가 등장합니다. 충청남도 부여에서 발굴된 백제 왕실의 식량 창고 유적지에서는 복숭아, 참외, 머루 등의 씨앗이 발견되었습니다. 서울에 있는 백제 상류층의 식량 창고 유적에는 참돔과 복어 등의 생선 뼈가 남아 있어 발효 식품인 젓갈을 저장했던 흔적이 확인되었습니다.

반면 평민들은 다양한 음식을 먹으며 여유롭게 살아갈 형편이 못 되었습니다. 전쟁에 자주 동원되었고 과도한 세금에 시달렸습니다. 또한 농업 사회였던 당시에는 홍수나 가뭄 등 자연재해에 매우 취약해 제대로 먹지 못하는 일도 많았답니다. 《삼국사기》에는 평민들이 먹을 것이 없어서 나무껍질을 먹었다는 이야기가 자주 등장합니다. 자연재해로 인해 나라의 창고를 열어 식량을 나눠 주었다는 기록도 종종 나옵니다. 이는 나라의 곳간

고구려 고분인 안악 3호분에 그려진 부엌과 고기 창고 그림

을 열어 평민들을 구제해야 했을 정도로 그들이 힘든 삶을 살아갔음을 의미합니다.

이처럼 삼국시대 평민들의 삶은 정복 활동으로 영역을 넓혔던 근초고왕, 광개토왕, 진흥왕의 업적에 가려 제대로 조명받지 못하고 있습니다.

평범한 사람들의 이야기를 들춰 보는 방법

그렇다면 삼국시대는 지배층이 끊임없이 전쟁을 일으키고, 피지배층은 전쟁에 동원되는 고통의 시대이기만 했을까요? 삼국

악기를 연주하는 토우

시대 평범한 사람들의 일상은 어떤 모습이었을까요?

1926년, 역사가들은 신라시대 무덤을 발굴 조사하다가 수많은 토기를 발견했습니다. 토기에는 '토우(흙 인형)'들이 잔뜩 붙어 있었습니다. 남녀가 사랑을 나누는 모습을 본뜬 토우, 악기를 연주하거나 춤추는 모습을 나타낸 토우, 짐을 옮기고 있는 토우, 가족의 죽음 앞에서 슬피 울고 있는 토우 등 그 종류가 다양했어요. 호랑이, 원숭이, 말, 소, 새와 같은 동물 토우도 발견되었습니다. 이 토우들을 통해 울고, 웃고, 즐기고, 열심히 살아가던 당시 신라인의 일상을 짐작할 수 있습니다.

한편, 평안남도 대동군 팔청리에 위치한 팔청리 벽화고분의 재주 그림에는 고구려인이 즐겼던 여러 재주가 등장합니다. 재주꾼은 높은 기둥에 올라서서 양팔을 벌려 균형 잡는 묘기를 선보이기도 하고, 여러 개의 공을 공중에 높이 던져 올리고 받는 재주를 보여 주기도 합니다. 각종 묘기에 맞춰 뿔나팔을 연주하는 장면을 그린 그림에서 당시 고구려인이 누리고 즐겼던 놀이 문화를 유추해 볼 수 있습니다.

왕실이나 귀족에 비하면 평범한 사람들에 대한 문헌 자료는 턱없이 부족합니다. 하지만 유물과 벽화가 들려주는 이야기에 눈을 모으고 귀를 기울이면, 그 속에 숨겨진 역사에 한 발짝 더 다가갈 수 있습니다. 역사적 상상력을 동원한다면 근초고왕, 광개토왕, 진흥왕의 역사에만 갇히지 않고 그 시대를 살아간 다양한 사람들을 떠올릴 수 있겠죠! 일상에서 여가와 유희를 즐기며 살아가던 삼국시대 사람들이 머릿속에 그려지지 않나요?

역사의 조명은 어디를 어떻게 비추어야 할까요?

역사는 과거의 이야기입니다. 하지만 과거에 일어난 모든 일에 똑같이 주목하기는 어렵습니다. 역사라는 이야기를 만들 때, 한쪽에 조명을 비추면 다른 쪽은 어둡게 소외된 상태로 남게 되지요.

한국사 시험에는 삼국시대 여러 왕의 업적을 묻는 문제가 자주 출제됩니다. 하지만 삼국시대는 왕들의 역사만은 아닙니다. 화려하게 표현된 역사의 이면에는 평범한 사람들의 삶이 있었습니다.

주요 인물의 업적과 정치적 사건에만 집중하면, 그 시대를 살아간 평범한 사람들의 삶은 누군가의 영광을 위한 어쩔 수 없는 희생으로 치부될 수 있습니다. 이를 현재에 대입해서 생각해 봅시다. 먼 미래에 오늘날의 역사를 대통령이나 일부 유명인들의 시대로만 기억한다면 어떨까요?

그렇다면 역사의 조명은 어디를 어떤 식으로 비추어야 할까요? 삼국시대를 공부할 때, 근초고왕과 광개토왕과 진흥왕은 꼭 기억해야 할 왕들일까요? 평범한 사람들의 생활상에 집중한 역사는 어떤 모습일까요?

너의 생각을 들려줘

근초고왕, 광개토왕, 진흥왕 모두 기억해야 한다. 이 왕들이 역사적으로 큰 업적을 세운 것은 사실이므로 그것만으로도 기억할 가치가 있다고 생각한다. 이와 더불어 그 뒤에 고통받는 사람들이 있었다는 사실도 공부하면 좋을 것이다. 그렇다면 훌륭한 업적을 세워 칭송받는 왕이 있다고 하더라도, 그 혜택이 민중에게도 똑같이 돌아간 건 아니라는 점을 깨달을 수 있기 때문이다.

지금까지 삼국의 전성기를 배울 때 어떤 왕이 어떤 공을 세웠는지를 중심으로만 배웠던 것 같다. 역사 교과서에서는 백성의 어려운 삶에 대해서는 거의 다루지 않는다. 하지만 전쟁에는 두 가지 얼굴이 존재한다. 영토가 넓어진다는 장점도 있지만, 그만큼 많은 희생이 따른다는 단점도 있다. 역사는 객관적이고 균형 잡힌 시선이 바탕이 되어야 한다고 생각한다. 삼국의 세 왕에게 조명을 비춘다면, 백성들의 어려운 삶에 대해서도 이야기해야 한다. 역사의 조명은 높은 곳만 비추는 것이 아니라 평평한 바닥까지 고루 비추어야 한다.

근초고왕, 광개토왕, 진흥왕을 꼭 기억하지 않아도 된다고 생각한다. 물론 그들의 행적을 알면 삼국시대의 주요 사건과 시간의 흐름을 파악하는 데 도움이 될 것이다. 하지만 이런 내용은 승리한 사람들의 역사다. 왕의 업적만 배우다 보면, 은연중에 지배자의 관점으로 전쟁이라는 폭력을 옹호하게 될 수도 있다. **그 시대의 평범한 사람들은 어떻게 살았는지를 중심으로 역사를 배워야 한다고 생각한다.**

4장

불교는 지배의 도구였을까요, 평민들의 위안이었을까요?

●

한반도에 불교가 처음 전래된 때는 삼국시대입니다. 고구려는 4세기 소수림왕 때 중국으로부터 불교를 받아들였고, 곧이어 백제도 불교를 수용했습니다. 신라는 6세기 법흥왕 때 불교를 공식적으로 인정했습니다.

불교는 한국 역사에 많은 영향을 끼쳤습니다. 불교와 관련된 건축물과 예술품이 곳곳에서 만들어졌고, 불교문화를 연구하고 전파하기 위해 주변 나라들과 활발하게 교류했습니다. 일상생활도 불교의 영향을 받아 장례 등의 풍습이 불교식으로 이루어졌습니다.

불교는 어떤 종교인가요?

기원전 6세기 무렵 인도에 석가모니(고타마 싯다르타)가 살았습니다. 그는 작은 왕국의 왕자로 태어나 풍족한 생활을 누렸습니다. 그런데 어느 날 궁궐 밖을 돌아보다가 늙고 병들어 죽어 가는 사람들을 목격합니다. 이후 석가모니는 사람들이 고통받는 이유를 고민하며 인생의 의미를 찾고자 합니다.

석가모니는 고민의 답을 찾기 위해 왕자로서의 세속적인 삶을 버리고 수행에 들어갔습니다. 그러고는 오랜 수행 끝에 깨달음을 얻어 부처가 되었습니다. 부처는 '깨달은 자'를 의미하는 말입니다. 고통에서 벗어나 평온한 상태에 이른 석가모니는 자신이 깨달음을 얻은 과정을 주변에 전파합니다. 그를 따르는 사람이 많아지면서 그의 수행 방식은 하나의 종교로 발전합니다. 이 종교가 바로 불교입니다.

불교는 석가모니처럼 깨달음을 얻어 부처가 되는 것을 목표로 하는 종교입니다. 석가모니와 그의 제자들이 수행한 방식과 규칙이 불교의 교리가 되었습니다. 그리고 그처럼 부처가 되기 위해 세속을 떠나 출가하는 사람을 승려라고 불렀습니다. 이것이 불교의 기본 틀입니다.

《삼국사기》에 따르면 고구려는 소수림왕 2년(372)에 중국 전진(前秦)에서 온 사신을 통해 불교를 받아들였습니다. 백제에서 불교를 처음으로 공인한 왕은 침류왕입니다. 백제는 침류왕 1년(384)에 중국 동진(東晉)에서 온 승려를 통해 불교를 수용했습니다. 신라는 두 나라보다 조금 늦은 법흥왕 14년(527)에 불교를 공식적으로 인정했습니다.

여러 지역으로 퍼져 나가는 동안 불교의 모습도 조금씩 변화했습니다. 처음에 석가모니가 창시한 불교는 개인의 깨달음을 추구했습니다. 하지만 중국과 한반도 지역에 퍼진 불교는 개인의 깨달음을 추구하는 것을 넘어서, 많은 사람이 세속의 고통에서 벗어나는 것을 목표로 삼았습니다.

바로 이 지점에서 국가와 불교의 협력 관계가 생겨났습니다. 불교 교단은 영향력을 확대해 더 많은 이에게 교리를 전파하고자 했는데, 당시 동아시아에는 왕을 중심으로 한 정치권력이 형성되고 있었습니다. 따라서 불교의 포교를 위해서는 왕권과 결탁해야 했고, 왕 또한 자신의 권위를 높이기 위해 불교를 활용하고자 했습니다. 자신이 신성한 존재임을 과시하고자 스스로 부처에 빗대기도 했어요. 그 결과 불교는 중국과 한반도에서 막대한 영향력을 끼치는 종교가 되었으나, 누구나 깨달음을 얻을 수 있다는 평등의 교리에 반해 신분 질서를 옹호하는 등 본래의 가치와 멀어지기도 했습니다.

삼국시대 왕들은 불교를 어떻게 이용했나요?

고구려, 백제, 신라에서 불교를 받아들인 주체가 다름 아닌 왕들이었다는 사실에 주목해야 합니다. 삼국시대 왕들이 불교를 받아들인 까닭은 무엇이며 어떻게 활용했을까요?

먼저, 왕들은 불교를 이용해 자신의 권위를 높이려 했습니다. 이때 왕을 불교의 주요 인물에 비유하는 방식을 활용했습니다. 신라의 진흥왕은 사람들이 자신을 전륜성왕이라고 믿게끔 했습니다. 전륜성왕은 불교에서 가장 이상적으로 생각하는 군주상을 뜻합니다. 신라 진평왕은 아예 석가모니의 아버지와 어머니의 이름을 따서 각각 자신과 왕비의 호칭으로 삼았어요. 자신의 이름은 백정으로, 왕비는 마야 부인으로 부르게 했지요. 이는 각각 석가모니의 아버지와 어머니의 이름을 딴 것입니다. 신라 왕실이 석가모니와 같은 신성한 존재라는 것을 보여 주기 위해서였습니다.

왕과 지배층은 불교의 '업설'을 통치에 활용했습니다. 업설이란 자신의 업에 따라 그에 마땅한 답을 받는다는 불교 이론입니다. 선한 행동을 하는 자는 귀한 대접을 받을 것이고, 악한 행동을 하는 자는 나쁜 대접을 받는다는 것이지요. 그리하여 이번 생에 착한 업을 쌓으면 다음 생에 좋은 지위로 환생할 수 있다는 희망을 주었습니다. 원래 업설은 선한 행동을 하면 누구나 귀한 대우를 받을 자격이 있다는 이야기로, 신분 질서를 비판하는 이론이었어요. 그런데 지배층에 의해 불평등을 정당화하는데 악용되었습니다. 즉 노비로 태어난 것은 전생에 저지른 잘못 때문이고, 귀족으로 태어난 것은 전생의 공적(노력하여 이루어 낸 일의 결과) 때문이니, 불만을 품지 말고 현실을 있는 그대로 받아들이라는 것입니다.

사회 통합에 불교를 이용하기도 했습니다. 왕들은 큰 절을 짓고 불교 행사를 개최해 사람들의 이목을 끌고 환심을 사려고 노력했습니다. 신라의 진흥왕은 황룡사라는 절을 지었고, 백제의 무왕은 미륵사를 지었습니다. 화려한 절을 지어 왕실의 위용을 과시하는 동시에 불교 행사를 통해 백성들의 마음을 모으려 한 것입니다.

불교는 전쟁이 잦았던 시대에 현실과 타협해 왕실과 국가의 이익을 위해 봉사하기도 했어요. 신라 때 승려 원광은 젊은이들에게 '세속오계'라는 자신을 수련하는 다섯 가지 계율(규칙)을 지키라고 강조했습니다. 그중에는 '임전무퇴'와 '사군이충'이라는 계율이 있었어요. '임전무퇴'는 전쟁에 임하면 퇴각하지 말라는 뜻입니다. 본래 불교에는 생명을 죽이는 것을 금지하는 전통이 있습니다. 그런데도 원광이 임전무퇴라는 규칙을 세워 준 것을 보면, 당시 불교가 현실과 타협해 왕실에 어떻게 협력했는지 짐작할 수 있습니다. '사군이충'은 임금을 충성스럽게 모시라는 계율이었습니다. 이 역시 평등사상을 강조했던 불교와는 어울리지 않는 내용이었어요. 개인적으로는 불교에 몸담고 있던 원광도 세속(현실)에서는 종교적 가치보다 왕실과 국가의 이익을 위해 힘쓴 것이지요.

이처럼 국가와 왕실을 보호하는 역할을 했던 불교 신앙을 '호국불교 사상'이라고 합니다. 호국불교 사상은 고려시대와 조선시대에도 이어졌습니다. 고려시대에는 거란과 몽골의 침략을 받았을 때 각각 〈초조대장경〉과 〈재조대장경〉을 만들었습니다. 대장경은 불교 경전을 정리한 모음집을 말하는데, 각 대장경을 권수로 따지면 6,000여 권이 넘었으니 매우 방대한 작업이 필요했습니다. 이는 부처의 말씀을 모아 한뜻으로 염원하면 외적을 물리칠 수 있으리라는 믿음에서 비롯된 것이었지요.

조선시대에는 임진왜란이 일어나자 승려들이 승군을 조직해 일본군과 맞서 싸웠습니다. 이처럼 한국 역사 속 불교도들은 국가나 왕실의 위기 때 적극적으로 나섰습니다.

사람들은 불교를 어떻게 생각했을까요?

그런데 단지 지배층이 장려한다고 해서 종교가 사람들에게 널리 퍼질 수 있었을까요? 아무리 왕이 믿으라고 해도 의심이 들거나 그 종교를 받아들일 만한 이유가 충분하지 않으면 신앙심을 갖기 어렵겠지요. 그래서 불교가 확산된 이유를 찾기 위해서는 평민의 눈으로도 당대를 바라봐야 합니다.

삼국시대에는 전쟁이 잦았습니다. 짧게는 몇 년에서 길게는 몇십 년 동안 전쟁이 이어졌으니 사람들은 삶과 죽음의 경계에서 고통스러운 일상을 살아갔을 것입니다. 주변 사람들이 죽어가는 것을 보면서 착잡한 심정을 느꼈을 테지요. 나라가 혼란스럽고 마음이 불안한 상황에서 사람들은 의지할 곳을 찾게 됩니다. 당시 사람들이 외국에서 들어온 불교에 쉽게 마음을 열 수 있었던 이유입니다. 수행을 통해 현실의 고통에서 벗어날 수 있다는 석가모니의 이야기는 평민들의 관심을 끌기에 충분했습니다.

사람들은 불교에 신비한 힘을 기대하기도 했습니다. 불교를 믿으면 나쁜 일을 해결할 수 있다고 생각한 것이지요. 그래서인지 삼국시대에는 승려가 환자를 치료하기도 했습니다.《삼국유사》에는 온갖 방법을 써도 병이 낫지 않았는데, 승려가 부처의 힘으로 병을 낫게 했다는 이야기들이 나옵니다. 의술이 발달하지 않은 사회에서 사람들에게 종교가 어떤 의미로 다가왔는지 짐작할 수 있는 대목입니다.

사람들은 복(福)을 구하려고 불교에 기대기도 했습니다. 요즘에도 절에 가면 소원이 적힌 연등(연꽃 모양의 등불)을 볼 수 있지요? 옛날에도 마찬가지로 불교는 시험 합격, 건강 등 복을 기원하는 신앙(기복 신앙)의 역할을 했답니다.

이는 어사 박문수의 칠장사 설화에서도 잘 드러납니다. 조선시대에 암행어사로 유명했던 박문수는 과거 시험에 두 번이나 떨어진 이력이 있습니다. 그는 세 번째 도전을 하러 한양에 가던 길에 경기도 안성의 칠장사에서 잠을 잤다고 합니다. 이때 꿈속에 부처가 나타나 시험문제를 알려준 덕분에 박문수는 장원급제(과거 시험에서 1등으로 합격함)를 합니다. 이와 비슷한 이야기들이 전국 곳곳의 여러 사찰에서 전해집니다. 여기에는 불교가 복을 가져다준다는 믿음과 불교를 통해 바라는 것을 이루고자 하는 염원이 담겨 있습니다.

안전을 기원하는 의미에서 불상을 만들거나 절을 짓기도 했습니다. 충청남도 서산 용현리에는 '마애 여래 삼존상'이라는 불상이 있습니다. 고갯길에 있는 바위 절벽에 세 명의 부처를 새긴 것인데요. 백제 때 만들어진 이 불상은 온화한 미소를 짓고 있습니다. 아마도 고개를 오가는 사람들을 보호하고, 부처의 미소를 보며 편안히 남은 길을 갈 수 있도록 돕기 위한 것으로 보입니다. 항해의 안전을 기원하기 위해 항구와 바닷길 근처에도 사찰들이 세워졌습니다. 9세기에 신라인 장보고가 당나라에 세운 '법화원'이 대표적인 사례입니다. 또한 신라시대 사람들은 개인의 안전을 기원하면서 5cm 내외의 작은 '호지불(護持佛)'이라는 불상을 몸에 지니고 다니기도 했습니다.

불교는 사람들의 일상생활에도 영향을 끼쳤습니다. 특히 장례를 치르는 방식이 변화했습니다. 불교를 수용하기 이전까지 삼국에는 후장 풍습이 있었습니다. 후장이란 후하게 치르는 장례를 말합니다. 신분이나 지위가 높을수록 무덤을 크게 만들었으며 많은 부장품을 넣었습니다. 심지어 살아 있는 사람이나 동물을 같이 묻기도 했어요. 하지만 불교의 교리가 퍼지면서 순장이 점차 사라지고 무덤의 규모도 줄어들었습니다.⇣ 불교에서는 살생을 금하고, 욕심부리지 않는 것을 미덕으로 여기기 때문입니다. 또한 현생의 지위가 죽어서도 이어지는 것이 아님을 강조했습니다. 무덤을 크고 화려하게 만들 필요가 없어진 것이지요. 이에 큰 무덤을 만드는 대신 사람이 죽으면 화장하는 불교식 장례법을 따르는 이들도 나타났습니다.

불교는 전쟁과 같은 재난 상황에서 사람들에게 희망을 주기도 했습니다. 강화도 전등사의 대웅전 기둥과 대들보에는 한글과 한자로 쓴 글씨들이 남아 있습니다. 언뜻 낙서처럼 보이는 이 글씨들은 병인양요(1866) 당시 조선의 병사들이 쓴 것입니다. 병사들은 프랑스 군대와의 정족산성 전투를 앞두고 있었으니 아마 두려움을 느꼈을 것입니다. 그래서 가호

전등사 대웅전 기둥에 전하는
조선 병사들의 육필

⁝ 순장이란 고대에 왕이나 귀족 등 고위층이 사망했을 경우 여성과 노비(때때로 가축) 등을 함께 묻는 장례 풍습이었다. 불교의 영향만으로 순장이 사라졌다고 단정할 수는 없다. 순장으로 사람을 희생시키는 대신 노동을 하게 하거나 군대에 동원하는 것이 낫다는 현실적 이유도 작용했다.

(부처가 보호하고 도와줌)를 빌면서 절의 기둥과 대들보에 자신의 이름을 적은 것입니다. 불교는 이처럼 평민들에게 정신적 지주가 되어 주기도 했습니다.

때로는 지배의 도구, 때로는 평민들의 위안

지금까지 한국사에서 불교가 어떻게 전파되고, 어떤 역할을 해 왔는지 살펴보았습니다. 왕들은 불교를 수용하는 과정에 큰 영향을 미쳤습니다. 불교의 교리를 자신들에게 유리하게 해석해 통치에 활용하는가 하면, 거대한 절과 불상, 불탑을 지어 왕권의 위엄을 과시하기도 했습니다. 하지만 불교가 단지 지배의 도구로만 기능한 것은 아닙니다. 불교는 평민들의 위안이 되기도 했습니다. 사람들은 힘든 일이 있을 때 불교에 기대어 어려움을 견뎠고, 복을 빌기 위해 절을 찾기도 했습니다.

그렇다면 한국 역사에서 불교와 같은 종교의 역할은 무엇이었을까요? 불교는 지배자를 위한 도구였을까요? 아니면 평민들을 위한 위안이었을까요? 여러분의 생각은 어떤가요? 질문에 답하는 과정에서 종교가 사회에서 어떤 역할을 하고 있고, 또 어떤 역할을 해야 하는지도 함께 고민해 보면 좋겠습니다.

너의 생각을 들려줘

불교는 지배자의 도구로 더 많이 활용됐다고 생각한다. 불교 교리는 살생을 금지한다. 하지만 한국 역사에서 불교는 본연의 교리를 거스르고 임전무퇴라는 규율에 이용되었다. 국가가 주도해 거대한 사찰과 불상을 세우고 왕을 부처에 비유해서 왕권 강화를 꾀하기도 했다. 삼국시대에 불교는 권력과 타협해 지배자의 통치 도구로 이용된 점이 많다고 생각한다. 처음 불교를 세운 석가모니가 훗날의 불교를 보았다면 안타까워했을 것 같다.

종교는 사람들에게 마음의 안식처를 제공한다고 생각한다. 승려가 병을 치료하고, 노래를 불러서 문제를 해결했다는 옛 기록들이 있다. 신앙심이 없는 사람에게는 터무니없는 이야기로 들리겠지만, 많은 사람이 이런 이야기를 믿은 것은 그만큼 불교에 의지하고자 하는 마음이 컸기 때문이다. 불교가 널리 퍼지는 데 국가와 왕이 큰 역할은 한 것은 사실이다. 하지만 사람들이 불교를 받아들인 것은 마음을 기댈 데가 필요했고, 불교가 진정한 마음의 위안이 되어 주었기 때문이다.

종교는 오래전부터 지배자를 위한 도구였다. 예를 들어 이집트의 파라오는 스스로 태양신의 아들이라고 말하면서 자신을 신격화했다. 중세 유럽에서도 종교는 지배자들의 도구로 활용되었다. 마녀사냥, 면죄부 판매 같은 행위는 당시 지도자들이 권력을 지키기 위해 주도한 것이다. 이와 마찬가지로 삼국시대 왕들도 불교를 왕권 강화의 수단으로 활용했다. 역사 교과서에서 삼국이 불교를 언제 수용했는가를 중요하게 다루는 이유도 이 때문이다.

5장

신라는 정말로 삼국을 통일했나요?

●

6세기 초 만주와 한반도 지역에는 고구려, 백제, 신라, 가야의 정치 세력이 존재했습니다. 이러한 정치 구도는 562년 신라가 가야를 정복하면서 깨집니다. 이후 고구려와 백제, 신라 삼국이 경쟁하게 되었습니다.

7세기에는 신라가 바다 건너의 중국 당나라와 연합하여 '나당동맹'을 맺었습니다. 신라와 당의 동맹군은 660년에 백제를 멸망시켰습니다. 668년에는 고구려가 신라와 당의 공격에 무너졌습니다. 이후 당나라는 신라마저 정복하려는 욕심을 드러냈으나, 676년 당의 군대가 신라군에 패해 물러납니다. 한국사에서는 이때를 신라가 삼국 통일을 이룩한 때라고 일컫습니다.

삼국 통일을 바라보는 다양한 관점

한국사 교과서는 676년에 신라가 삼국을 통일했다고 서술합니다. 그런데 이에 대한 이견이 있다는 것을 알고 있나요?

먼저, 삼국 통일의 의의를 적극적으로 긍정하는 사람들이 있습니다. 신라가 삼국을 통일했고, 이어서 당나라를 물리쳐 한민족의 문화를 통합하는 데 큰 역할을 했다는 것입니다.

반면에 어떤 사람들은 신라가 삼국을 통일한 것은 인정하지만, 그 통일 과정에는 부정적입니다. 신라가 정복당한 나라 사람들의 지지를 받지 못한 데다가 스스로 통일한 것이 아닌 외세(당나라)의 힘을 빌렸다는 것이지요. 고구려의 옛 땅 대부분을 당에 내주었기 때문에 이후 한국인의 활동 무대가 축소되었다고 비판합니다.

'삼국 통일'이라는 표현을 문제 삼는 사람들도 있습니다. 고구려의 영토가 당에 넘어갔고, 698년에 고구려를 계승한 발해가 건국되었으니 신라는 진정한 의미의 삼국 통일을 이룩하지 못했다는 것이죠. 그래서 이들은 통일 이후의 신라가 존재한 시기를 '통일신라시대'가 아닌 '남북국시대'라고 불러야 한다고 주장합니다. 남쪽의 신라와 북쪽의 발해가 공존하는 이국시대라는 의미에서 말입니다.

'삼국'이라는 표현 자체가 잘못되었다는 주장도 있어요. 그 시대에는 가야도 엄연히 존재했으므로 사국시대가 아니냐는 것입니다. 그래서 신라가 가야를 포함한 사국을 통일했다고 표현해야 적절하다고 주장합니다.

이렇듯 같은 역사적 사건을 두고도 해석과 관점이 다를 수 있습니다. 지금부터 신라의 통일 과정을 하나하나 짚어보면서 삼국 통일을 어떤 관점으로 바라보아야 할지 살펴보겠습니다.

신라는 한반도 사람들을 통합했나요?

신라의 통일은 단순히 고구려와 백제의 영토를 정복하는 데 그치지 않았습니다. 나당전쟁 과정에서부터 사람들을 통합하기 위해 노력했어요. 신라는 당나라와 함께 660년에 백제를, 668년에는 고구려를 차례로 무너뜨립니다. 이후 당이 신라마저 정복하려고 하자, 두 나라 사이에 전쟁이 일어나게 됩니다. 바로 나당전쟁(670~676)입니다.

사실 당이 신라를 배신하려는 낌새는 백제 멸망 직후부터 나타났습니다. 당 황제는 백제 정복 이후, 백제 땅을 신라에 넘긴다던 약속을 어기고 백제를 직접 지배하려 했습니다. 게다가 신라 왕에게 당의 관직을 주어, 마치 당 황제의 신하처럼 부리려고도 했습니다. 신라군 또한 당군이 함부로 행동할까 경계하고 감시했습니다. 그럼에도 이들의 동맹이 유지될 수 있었던 이유는 아직 고구려라는 공동의 적이 남아 있었기 때문입니다. 그러나 668년 고구려마저 정복하자 두 나라의 관계가 급격히 나빠지면서 급기야 전쟁으로 치닫게 됩니다.

이 나당전쟁에는 중요한 두 세력이 끼어 있었습니다. 백제 부활을 노리는 '백제 부흥 운동' 세력과 고구려 부활을 꿈꾸던 '고구려 부흥 운동' 세력입니다. 흥미로운 것은 두 세력에 대한 신라의 태도였습니다. 처음에 신라는 부흥 운동 세력을 탄압했습니다. 그러나 나당전쟁이 시작되자, 그들을 신라 편으로 끌어들이려 노력했습니다. 670년 고구려 부흥 운동 세력을 지원하여 당나라를 견제하게 했고, 672년에는 백제인도 신라군에 들어올 수 있도록 허용했습니다. 이듬해에는 백제의 옛 관리들에게 신라의 관직을 주었습니다. 백제인과 고구려인을 신라에 협력하게 만들기 위한 전략이었지요.

나당전쟁은 결국 676년 신라의 승리로 끝납니다. 신라군이 끈질기게 저항한 덕분이었지만, 한편으로 국제 정세도 신라에 유리하게 작용했습니다. 당이 660년부터 10여 년 동안 많은 군대를 한반도에 보내자, 당의 서쪽에 있던 돌궐과 토번 같은 나라들이 그 틈을 타서 당을 침략했습니다. 이에 당은 군대 일부를 서쪽으로 돌릴 수밖에 없었습니다. 그 결과 신라는 나당전쟁에서 승리했고, 역사가들은 이때를 삼국 통일(676)이 이룩된 시점으로 봅니다.

백제인과 고구려인을 포섭하려는 시도는 통일 이후에도 계속되었습니다. 신라는 통일 이후 전국을 9개 주(州)로 나누었는데, 옛 고구려와 백제 땅에 각각 3주, 신라와 가야 땅에 3주를 설치해 균형을 맞추었습니다. 또한 신라의 중앙군을 9서당(왕의 직속 부대)으로 조직하면서 신라인 3서당, 고구려인 3서당, 백제인 2서당, 말갈인 1서당으로 부대를 만들어 옛 삼국 사람들을 통합하려고 했습니다. 적국 출신의 사람들로 군대를 구성한 것은 그들을 신라인으로 인정한다는 뜻이었습니다.

한편 신라는 이미 562년에 정복했던 가야인도 신라인으로 흡수했습니다. 특히 가야의 왕족인 김해 김씨 세력을 신라의 진골 귀족으로 인정했습니다. 가야 왕족의 후손으로서 삼국 통일 과정에서 크게 활약한 김유신 장군이 대표적인 인물입니다.

김유신은 통일 이후 "삼한(三韓)이 한 집안을 이루었다"라고 하면서 여러 나라로 갈라져 싸우던 삼국 사람들이 하나로 통합되었음을 강조했습니다. 이후에도 신라인들은 삼국의 통일로 태평한 세상이 되었다며 통일 전쟁의 업적을 칭송했습니다. 고구려인, 백제인, 신라인, 가야인의 구분이 점차 흐릿해지고 신라인으로 통합되어 갔다는 것이죠.

그건 신라만의 생각 아니냐고요?

그렇다면 과연 정복된 영토에 살던 사람들도 스스로를 신라인이라고 생각했을까요? 당시 사람들의 마음을 전부 알 수는 없지만, 신라와 당의 군사 작전으로 인해 백제와 고구려 사람들이 큰 고통을 겪었으리라 짐작할 수는 있습니다. 백제 멸망 후 당의 장수 소정방은 의자왕을 비롯한 백제인 1만 2,000명을 포로로 끌고 갔습니다. 고구려가 망한 후엔 무려 4만 호(戶)에 이르는 사람이 당으로 끌려갔어요. '호'는 집을 세는 단위인데, 1호당 네 명씩 살았다고 계산해도 16만 명이 넘는 사람들이 잡혀간 셈이지요. 이처럼 국가의 멸망으로 공동체가 해체되는 것을 겪은 백제인과 고구려인이 쉽사리 신라인으로 정체화하기는 어렵지 않았을까요?

또한 신라인과 피정복민들 사이에는 엄연한 구별이 있었습니다. 신라는 사람들을 포섭하는 과정에서 백제와 고구려의 고위 귀족들에게 신라의 관등을 부여했지만, '일길찬'보다 더 높은 관등을 주지는 않았습니다. '일길찬'은 신라의 17관등 중 7번째 등수에 해당하는 관등이었죠. 또한 신라군으로 합류한 백제인과 고구려인, 말갈인은 기존에 신라인이 복무하던 부대가 아닌 별도의 부대로 편성되었답니다. 이런 차별을 겪은 사람들이 신라인으로 융화되기는 어려웠을 거예요.

사람들이 고구려와 백제를 계속 그리워했다는 증거도 있습니다. 9세기 말, 신라의 국력이 약해지면서 각지에서 반란이 일어납니다. 반란 세력이었던 견훤의 무리는 후백제(900년)⫶를, 궁예가 이끄는 무리는 후고구려(901년)⫶⫶를 세웠습니다. 새로운 나라를 만들면서 새 국호 대신 백제와 고구려라는 이름을 다시 가져온 셈입니다. 옛 나라의 이름을 사용한 건 아마 그 후손들의 지지를 받기 위해서였을 것입니다. 지지 세력에 힘입어 후백

⫶ 당시의 국호는 '백제'였다. 훗날 역사가들이 삼국시대의 백제와 구분하기 위해 '후백제'라고 한 것이다.

⫶⫶ 당시 정식 국호는 '고려(高麗)'였다. 옛 고구려는 5세기 말부터 '고려'라는 국호를 썼기 때문에 그 이름을 가져온 것이다. 그런데 뒤이어 왕건이 세운 나라 이름도 '고려'여서, 이와 구분하기 위해 궁예가 세운 고려를 '후고구려'라고 부른다.

제와 후고구려가 성공적으로 건국된 것을 보면, 사람들이 신라의 지배를 받으면서도 여전히 옛 백제와 고구려에 대한 향수를 느꼈다고 짐작할 수 있어요.

게다가 삼국시대에 한반도에는 삼국 사람들 외에도 다양한 종족들이 살고 있었습니다. 예컨대 말갈인은 만주와 한반도 북부, 동해안 지역에 살던 사람들인데, 언어와 풍습이 삼국 사람들과 달랐습니다. 이처럼 이전부터 같은 한반도에 살았다고 하더라도 여러 종족 사이에는 오랜 기간 형성되어 온 문화적 차이가 존재했어요. 삼국을 통일했더라도, 사람들이 이러한 차이를 극복하고 하나로 통합되었다고 보기는 힘들 거예요.

구성원의 지지와 소속감으로 통일이 완성된다고 본다면, 신라가 통일보다는 영토 정복을 수행했다고 보는 것이 타당하지 않을까요?

신라는 왜 하필 당나라와 손을 잡았을까요?

삼국 통일을 평가할 때, 신라가 당나라를 전쟁에 끌어들인 점을 비판하는 사람들이 많습니다. 역사학자이자 독립운동가인 신채호는 신라가 당을 불러들여 동족을 해쳤다며 이는 도적을 끌어들여 형제를 죽이는 것과 다름없다고 혹평했습니다. 그는 발해가 멸망한 후에는 대동강 이북의 고구려 영토 대부분이 영영 중국에 귀속되었으니, 신라의 통일로 한국인의 활동 무대가 축소되었다며 안타까워했습니다. 그런데 이러한 비판은 합당한 것일까요? 이 질문에 답하기 위해서는 신라가 당나라와 동맹을 맺게 된 맥락을 살펴봐야 합니다.

554년, 신라와 백제 사이에 '관산성 전투'가 벌어집니다. 신라는 이 전투에서 승리해 한강 유역을 지켜냈고, 백제는 국왕이 전사하는 큰 패배를 당합니다. 백제의 견제가 약해진 틈을 타 562년 신라는 가야연맹을 완전히 병합했습니다. 이후 백제는 거의 100년 동안 신라를 공격하며 복수할 기회를 엿보았습니다. 백제의 침략에 지친 신라가 당나라에 중재를 요청하기도 했어요. 백제가 얼마나 끈질겼으면 당나라 역사책에 "백제가 비록 겉으로는 순종하겠다고 하면서 실제로는 이전처럼 (신라와) 원수지간으로 지낸다"라는 기록이 남아 있을 정도였습니다.

결국 백제는 642년 신라의 대야성을 무너뜨리는 데 성공합니다. 지금의 경상남도 합천군 일대인 대야성은 신라의 귀족 김춘추가 사위를 보내 지키게 했을 만큼 군사적으로 중요한 곳이었습니다. 그런 대야성이 백제에 넘어가고, 김춘추의 딸과 사위까지 모두 죽임을 당했습니다. 이에 김춘추는 선덕여왕을 찾아가 신라의 위기를 극복하기 위한 외교적 해법을 제시합니다. 이웃나라와 동맹을 맺어 백제를 견제하자는 것이었습니다. 김춘추가 생각한 이웃나라는 어디였을까요?

처음에 김춘추는 고구려를 동맹 상대로 생각했습니다. 고구려와 동맹을 맺으면, 두 나라 간 국경을 지키는 신라군을 백제와의 전쟁에 투입할 수 있다는 장점이 있었습니다. 게다가 고구려와는 서로 국왕을 죽인 원한 관계도 없고, 5세기 초에 신라가 고구려의 신하를 청한 적도 있기에 대화가 잘되리라고 기대했어요. 하지만 고구려는 동맹의 대가로 무리한 조건을 요구합니다. 한강 유역을 다시 고구려에 넘기라는 것이었습니다. 한강 유역은 인구도 많고 농사짓기에 적합하며 항구를 통해 중국과 직접 교류할 수 있는 곳이었습니다. 쉽게 넘겨줄 수 없는 요지였어요. 이렇게 동맹국을 찾으려는 김춘추의 첫 번째 시도는 실패합니다.

김춘추가 두 번째로 시도한 동맹 상대는 왜(일본)였습니다. 왜는 백제의 오랜 동맹국이었지만, '다이카의 개신(647)'이라는 개혁이 일어나면서 친백제 세력이 몰락하는 일이 벌어집니다. 김춘추는 이때를 기회로 보고 왜와 관계를 개선해 백제를 견제하려 했습니다. 하지만 왜가 이를 거부하면서 김춘추는 다른 동맹국을 물색해야 했어요.

결국 신라가 마지막으로 택한 동맹 상대는 중국 당나라였습니다. 신라 역시 당을 선택하기까지 고민이 따랐을 것입니다. 일전에 당 황제가 신라는 여왕이 다스리는 나라라서 주변의 업신여김을 받는다며 조롱한 적이 있었기 때문입니다. 하지만 이미 두 차례의 외교적 노력에 실패해 선택의 여지가 없었습니다. 결국 김춘추는 648년 당나라로 가 '나당동맹'을 성사시킵니다. 이 동맹으로 신라는 당의 연호를 사용하고 당의 의복과 제도를 받아들이는 등 많은 것을 양보해야 했습니다. 대신 백제를 견제하기 위한 군사적 지원을 약속받았어요.

이러한 내막을 살피면 신라의 외교 활동이 동족을 배반했다고 할 수 있는지 의문이 듭니다. 신라는 처음부터 당을 끌어들인 것이라기보다는 고구려, 왜와 동맹하려는 시도가 좌절됨으로써 당을 선택했기 때문입니다.

'통일신라'는 적절한 표현인가요?

676년 이후 신라인이 나라 이름에 앞에 '통일'이란 표현을 붙인 것은 아니었으니, 엄밀히 말해 국호는 여전히 '신라'였습니다. '통일신라'라는 표현은 통일 이전의 신라와 이후의 신라를 구분하기 위해 후세 사람들이 붙인 이름이지요. 신라의 통일이 불완전했다고 생각하는 사람들은 이 표현에 비판적입니다. 통일신라시대에 옛 고구려를 계승한 발해가 존재했기 때문입니다.

668년 이후 당이 지배하던 고구려의 옛 땅은 698년 고구려 유민 대조영이 발해를 건국하면서 다시 고구려인의 후손들에게 돌아오기 시작했습니다. 발해는 고구려의 옛 땅을 대부분 되찾았고, 전성기에는 당나라 사람들로부터 '바다 동쪽의 융성한 나라'라는 뜻을 가진 '해동성국'으로 불렸습니다.

발해인들은 고구려의 후손임을 자처했습니다. 발해 왕이 일본에 보낸 국서에는 그가 스스로를 '고려 국왕'이라고 표현한 기록이 남아 있습니다. 신라인들도 발해가 고구려를 계승한 나라라고 생각했습니다. 신라인 최치원은 중국 관리에게 쓴 글에서 "옛 고구려가 지금의 발해로 바뀌었다", "고구려의 잔당이 나라를 세워 국호를 발해라고 했다"라고 했으며, 신라의 헌강왕은 "예전의 고구려가 오늘날 발해가 됐다"라는 내용이 담긴 글을 쓰기도 했습니다.

그래서 신라와 발해가 공존했던 8~9세기 무렵을 '남북국시대'라고 부르기도 합니다. 신라를 남국, 발해를 북국으로 칭한 것이지요. 이 표현은 조선시대 실학자 유득공이 처음 쓴 것으로, 오늘날 역사 교과서에서도 사용하고 있습니다. 그런데 이 표현은 통일신라라는 용어와 논리적으로 모순됩니다. 통일을 했다면 두 나라가 동시에 존재할 수는 없으니 말입니다. 적어도 신라가 잠시 통일했다가 발해 건국 이후 다시 분열의 상태로 돌아갔다고 봐야겠지요.

사국시대, 삼한 통일, 들어 본 적 있나요?

마지막으로 '삼국시대'와 '삼국 통일'이라는 용어가 적절한지 살펴보겠습니다. 우리가 '삼국시대'라고 부르는 시기에는 가야, 부여, 옥저 등 다른 국가들도 존재했습니다. 그럼에도 '삼국시대'라는 표현을 사용하는 건 고려시대 역사책 《삼국사기》와 관련이 있습니다. 이 책이 고구려, 백제, 신라 세 나라에 주목해 옛 역사를 기록했고, 이후 지금까지 삼국시대라는 말이 굳어진 것입니다.

하지만 삼국시대 대신 '사국시대'라는 말을 사용해야 한다는 주장이 있습니다. 고구려, 백제, 신라에 가야까지 포함해야 한다는 것입니다. 통상 기원전 1세기부터 서기 7세기까지를 삼국시대라고 부릅니다. 그런데 우리가 삼국시대라고 부르는 시기 중에 실제로 삼국만 존재한 시기는 562년부터 백제가 망한 660년까지로 98년에 불과합니다. 가야는 562년에 신라에 정복되었는데, 역사가들은 늦어도 3세기 경 가야연맹이 성립했다고 추정합니다. 즉 가야는 적어도 300여 년 이상 삼국과 함께 존재

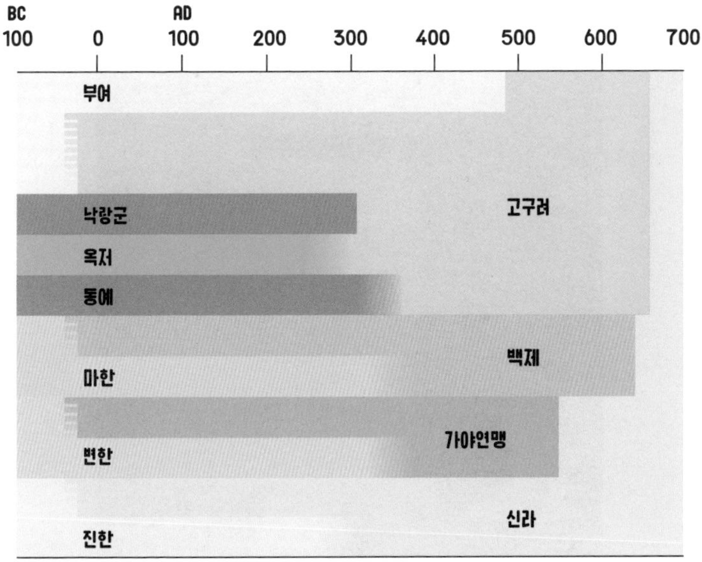

기원전 1세기부터 서기 7세기 사이 한반도에 존재한 정치 세력을 나타낸 표

한 것입니다.

게다가 가야는 만만한 소국이 아니었습니다. 가야 지역에서 출토되는 유적, 유물 들은 가야가 우수한 철기 문화를 갖고 있었음을 보여 줍니다. 또한 가야는 중국과 왜에 철을 수출하고, 두 나라 사이에서 중계 무역을 할 정도로 해상 교역이 발달했습니다. 따라서 삼국시대라는 말은 가야의 수준 높은 문화와 유구한 역사를 누락하는 표현일 수 있습니다.

'삼국 통일'이라는 단어에도 의문이 제기됩니다. 신라의 유물

제천 월광사지 원랑선사탑비(890)**. 무열왕**(재위 654~661)**이 '삼한'을 통일했다고 기록되어 있다.**

과 문헌 자료를 보면 당시에는 삼국 통일 대신 '삼한 통일'이란 표현을 더 많이 사용했기 때문입니다. 삼한(三韓)은 기원전 1세기 무렵 한반도에 있었던 마한, 변한, 진한을 일컫습니다. 몇몇 역사가는 신라인이 스스로 삼국을 통일했다고 말하지 않았다고 주장합니다. 당시 신라인은 고구려를 제외한 대동강 이남 지역을 통일했다고 인식했으며, 그 지역을 삼한이라고 불렀다고 합니다. 발해를 고구려의 후예로 인정하면서도 신라는 삼한을 통일했다고 자부했다는 것입니다.

역사에 어떤 의미를 부여할 것인가요?

6~7세기에 가야와 백제, 고구려가 차례로 멸망하고, 신라가 한반도 중남부를 장악한 유일한 정치 세력이 된 것은 분명한 사실입니다. 그런데 이러한 역사의 흐름을 신라의 정복 활동으로 볼 것인지, 통일 과정으로 볼 것인지에 따라 같은 역사적 사실이 다르게 인식될 수 있습니다. 나아가 역사적 사건을 어떻게 이름 짓느냐에 따라서 특정한 역사적 사실을 부각하거나 누락할 수도 있어요.

신라의 삼국 통일은 이러한 역사의 특징에 대해 이해하고 고민하기에 매우 흥미로운 주제입니다. 여러분의 생각은 어떤가요? 신라가 정말로 삼국을 통일했다고 생각하나요?

너의 생각을 들려줘

신라의 통일은 불완전하고 일시적인 통일이었다고 생각한다. 백제, 고구려의 부흥 운동과 후백제, 후고구려의 존재는 신라의 통일이 형식적 통일이지, 진정한 통합을 이루어 낸 통일이 아니라는 것을 잘 보여 준다. 당이라는 외세를 끌어들였다는 점에서 더욱 불완전한 통일이다. 또한 발해가 건국되었다는 것을 생각하면, 신라의 통일은 일시적이고 부분적인 통일로 볼 수밖에 없다.

신라는 사국을 통일했다고 생각한다. 가야는 비록 멸망했지만, 가야인들은 신라에 흡수되어 신라인이 되었고 그중에는 김유신처럼 통일 전쟁에서 활약한 인물도 있었다. 또한 신라는 통일을 위한 노력을 아끼지 않았다. 고구려인과 백제인을 통합하고 하나의 체제를 이루려고 노력했다. 옛 고구려와 백제 땅에 각각 3주를 설치하고, 중앙 군대인 9서당에 고구려인과 백제인, 심지어 말갈인까지 포함한 것은 신라가 통일을 목표로 삼았음을 보여 준다.

'삼국 통일'이라는 표현은 적절하다고 생각한다. 가야는 하나의 통일된 왕국이 아니었다. 가야연맹에 속한 여러 국가를 '가야'라는 이름 하나로 묶는 것은 자칫 가야가 통일국가라는 오해를 만들 수 있다. 또한 가야 말고도 부여, 옥저 등 많은 나라가 있었다. 가야를 포함한다면 그들을 제외할 이유도 없다고 생각한다. 그리고 사국 통일을 주장하는 논리대로라면 백제 멸망 이후부터 고구려 멸망 사이 시기를 이국시대라고 불러야 하는 문제도 있다. 따라서 오래전부터 굳어진 삼국시대, 삼국 통일이라는 개념이 여전히 그 시대를 잘 표현하는 용어라고 생각한다.

신라가 삼국을 정복했다고 생각한다. 통일했다고 보는 것은 훗날의 관점에서 역사를 평가한 것이다. 신라 사람들은 이 정복을 삼한을 통일한 것이라고 표현했지만, 수많은 고구려인과 백제인이 당에 끌려가 고통을 받았다. 그렇기에 정복이란 말이 객관적인 표현이라고 생각한다. 또한 신라가 정복 활동을 한 것이라고 보면, 당나라와 연합한 신라의 선택을 이해할 수 있다. 신라는 백제의 침공과 고구려, 왜의 견제로 나라가 망할지도 모른다는 위기를 느꼈고, 나라를 지키기 위해 백제와 고구려를 정복한 것이다.

6장

중앙과 지방이 균형 있게 발전하려면 어떻게 해야 할까요?

●

중앙과 지방 간 차별은 오래전부터 존재했습니다. 신라시대의 신분제인 골품제도에 따르면 중앙에 사는 사람만 골품을 받을 수 있었습니다. 지방 사람은 아예 골품의 신분 계급에 포함되지 못했습니다.
신라 말기에는 중앙의 통제가 약해졌습니다. 지방 귀족들의 세력이 커지고, 그중 일부는 독자적인 세력을 구축해 나라를 세우기까지 합니다. 그러나 고려가 후삼국을 통일하면서 지방은 서서히 힘을 잃고 다시 중앙집권 사회가 됩니다.
고려시대에는 유력한 지방인 서경의 묘청 세력이 수도를 옮기는 계획을 놓고 중앙의 개경 세력에 도전하는 사건이 있었습니다.

수도권 집중 현상, 이대로 괜찮을까요?

행정안전부에 따르면, 2022년 1월 기준 우리나라 인구의 50%가 넘는 2,600만여 명이 서울과 수도권에 살고 있다고 합니다. 고속도로와 지하철, 각종 문화·편의 시설 등은 인구밀도가 높은 서울과 수도권에 집중되어 있습니다. 주택, 의료, 교육 시설도 마찬가지입니다.

그래서 지방 사람들은 고향을 떠나 서울에 있는 대학에 진학하고, 대학을 졸업하면 서울이나 수도권에서 일자리를 찾는 경우가 많습니다. 지방 대학을 졸업하더라도 양질의 일자리가 부족해 서울이나 수도권으로 떠나는 경우도 적지 않고요. 그렇게 생업에 발이 묶이면 출신 지역으로 돌아가기가 어렵습니다.

그러다 보니 서울과 수도권은 나날이 인구가 늘고 편의 시설이 확충되는 데 반해 지방은 인구가 줄고 시설의 개선이 더딘 것이 현실입니다. 이런 지역 간의 불균형을 해소하기 위해 공공

기관이나 공기업을 지방으로 이전해서 좋은 일자리를 만들거나 지방의 인재를 채용하는 정책을 시행하기도 하지요.

이번 장에서는 한국사에 나타난 중앙과 지방의 균형 문제를 함께 살펴보겠습니다. 한국사에서 어떤 일들이 있었는지 알아보고, 앞으로 지역 간 불균형 문제를 어떻게 해결하면 좋을지 함께 생각해 봅시다.

신라시대 골품제의 한계

신라에는 신분제도로 '골품제'가 있었습니다. 문자 그대로 해석하면 골품(骨品)은 뼈에도 등급이 있다는 의미입니다. 골품제란 혈통에 따라 귀족의 등급을 구분한 신분제도를 말합니다. 성골, 진골, 6두품, 5두품, 4두품 순으로 신분이 나뉘었습니다. 3두품, 2두품, 1두품도 있었지만 세 신분은 점차 평민과 다름없게 됩니다.

골품제는 개인의 가능성을 제한하고 낮은 골품을 가진 사람을 차별하는 근거가 되었습니다. 입을 수 있는 의복이며 집의 크기, 탈 수 있는 수레의 크기, 승진 가능한 직책 등 많은 것이 골품으로 결정되었습니다. 능력이 있더라도 골품이 낮으면 현실적으로 재능을 펼치기 어려웠습니다.

특히 6두품 출신들은 골품제의 한계 때문에 재능을 펼치기 어려웠습니다. 대표적인 인물이 최치원(857~?)입니다. 최치원은 글재주가 뛰어났지만, 6두품 출신인 탓에 신라에서 출세하기 힘들다는 것을 일찍이 깨달았습니다. 결국 최치원은 당나라로 가서 외국인 관리를 선발하는 빈공과 시험에 합격해 당나라의 관리로 이름을 떨쳤습니다. 하지만 그런 최치원도 신라에 돌아와서는 골품의 한계로 재능을 펼치지 못했습니다. 진성여왕에게 나라를 개혁할 정책서 〈시무 10여조〉를 지어 바쳤지만, 진골 귀족들의 반대로 뜻을 이룰 수 없었습니다.

설계두 또한 6두품 출신의 인물로 당나라에 건너가 장군이 되었습니다. 골품제 사회에서는 진골이 아니면 장군이 될 수 없었으니까요. 그는 "신라는 사람을 등용하는 데 골품을 따져서, 그 족속이 아니면 비록 큰 재주와 뛰어난 공이 있더라도 넘을 수 없다"라는 말을 남기기도 했습니다.

골품제의 문제는 또 있었습니다. 바로 골품제가 신라의 수도 금성(경주) 사람들에게만 적용되었다는 것입니다. 골품제는 신라가 금성을 중심으로 주변의 소국들을 흡수하고 성장하는 과정에서 만들어졌습니다. 주변 소국들의 지배층을 금성으로 이주시키면서, 귀족 간에 등급 체계를 확립할 목적으로 도입된 것이지요. 골품제가 막 형성되었을 때는 지방의 지배층도 금성으로 이주했기 때문에 골품을 부여받을 수 있었습니다. 이후 지배층의 후손이 계속 금성에 터를 잡고 살게 되면서 골품제는 금성 사람들을 중심으로 한 제도로 고착화되었습니다. 금성 출신이 아닌 사람들은 골품을 받기가 어려워진 것이지요. 그 결과 지방 출신들이 뜻을 펼치고 출세하는 것은 매우 어려운 일이 되었답니다.

후삼국시대를 열어젖힌 힘

신라 말, 금성에 사는 진골 귀족과 지방에 사는 평민의 양극화가 더욱 심해집니다. 당시 금성에는 기와집이 즐비했고 귀족들은 외국에서 수입한 값비싼 사치품으로 치장했으며 밥을 짓는 데도 땔나무가 아닌 숯을 사용했을 정도로 호사를 누렸다고 합니다. 그들이 섬을 목장으로 삼아 가축을 기르고 잡아먹었다는 기록도 남아 있습니다. 반대로 지방 백성들은 늘어난 세금으로 빈궁한 삶을 살았습니다. 게다가 신라 말에는 군대에 동원되는 일이 많아졌습니다. 진골 귀족 간의 왕위 계승 다툼에 애꿎은 백성들이 동원된 것입니다.

마침내 중앙의 세금 수취를 거부하는 움직임이 일었습니다. 진성 여왕 3년(889)에 사벌주(경상북도 상주)에서 일어난 원종과 애

노의 난을 시작으로 전국에서 농민들이 봉기했습니다.

그런데 이미 지방에서는 중앙 정부를 따르지 않는 독자적인 세력이 형성되고 있었습니다. 이들을 '호족'이라 합니다. 호족들은 각 지방에서 나름의 경제력과 군사력을 지닌 존재였습니다. 그들은 점차 신라 중앙 귀족의 통제를 거부했으며, 자신의 지역을 방어하고 지역민에게 세금을 거두는 등 힘을 키워 갔습니다.

호족의 출신은 다양했습니다. 진골 귀족 간 왕권 다툼에서 밀려나 지방으로 낙향한 귀족, 해상무역과 장사로 부를 축적한 사람, 원래는 군인이었다가 신라에 반기를 든 사람 등이 있었습니다. 이들의 공통점은 금성 중심의 체제에 강한 불만을 품었다는 것과 각자 기반으로 삼은 지역이 수도가 아닌 지방이었다는 것입니다.

900년, 호족 세력 중에 전라도 서남해안 지역을 차지한 견훤이 독립해 '후백제'를 건국합니다. 그리고 901년에는 궁예가 지금의 개성 지역과 철원 지역을 중심으로 '후고구려'를 세웁니다. 이로써 후백제, 후고구려, 신라 세 나라가 다투는 '후삼국 시대'가 열립니다. 지방 세력이 국가를 세웠다는 것은, 지역민이 중앙의 통제를 거부하고 지방 세력을 지지했다는 의미이기도 합니다.

나라의 평안을 위해 지방을 안정시킨 왕건

고려를 세운 태조 왕건은 원래 송악(개성) 지역의 호족이었습니다. 그의 가문은 서남해 일대에서 장사로 큰돈을 벌어들였으며, 후고구려를 세운 궁예의 휘하에 들어갔습니다. 왕건 역시 궁예의 신하로서 여러 전투에서 공을 세우며 활약합니다. 그런데 918년 궁예가 신하들의 지지를 잃고 왕위에서 쫓겨났다가 살해당합니다. 궁예를 내쫓은 배현경, 신숭겸 등의 장군들이 왕건을 새로운 왕으로 추대하고, 왕건이 이를 받아들여 '고려'를 건국합니다. 그가 고려의 제1대 왕 태조입니다. 태조는 이후 신라로부터 항복을 받아 냈으며, 숱한 전쟁을 거쳐 후백제를 멸망시키고 936년에 후삼국을 통일합니다.⁝

태조는 후삼국을 통일하는 과정에서 지방 호족과 백성 들의 도움을 받았습니다. 태조는 자신이 도움을 받은 만큼 지방 세력을 후하게 대접합니다. 가장 먼저 지방 호족에게 성씨를 내려주었습니다. 신라시대까지 성씨는 귀족의 전유물이었습니다. 하지만 태조가 지방 호족에게도 성씨를 주면서, 한반도에 다양

⁝ 신라의 마지막 왕인 경순왕은 전쟁하지 않고 고려에 항복한다. 경순왕은 고려의 유력한 호족이 되었으며, 그의 딸은 태조 왕건과 결혼해 왕실의 일원이 된다.

한 성씨가 탄생하게 됩니다. 평산 신씨, 안동 권씨, 안동 장씨가 대표적입니다.

태조는 지방에 새로운 이름을 붙여 주기도 합니다. 오늘날 우리나라의 많은 도시 이름이 이때 만들어집니다. 신라의 수도는 원래 금성 또는 서라벌로 불렸습니다. 그런데 신라의 마지막 왕 경순왕이 고려에 나라를 통째로 바치자, 태조가 기뻐하며 금성을 경주로 고칩니다. 경주는 경사가 일어난 마을이란 뜻으로 오늘날에도 이 명칭이 쓰이고 있어요. 충청남도의 천안도 태조가 지은 이름입니다. 천안은 경기도에서 충청도를 거쳐 전라도와 경상도로 향하는 교통 요지에 있는데, 이곳을 점령하면 천하를 안정시킬 수 있다는 의미에서 붙인 이름입니다. 경기도 이천 또한 태조가 내려준 이름입니다. 태조가 후백제 정벌에 나섰을 때, 이천에 있는 강을 건너가 승리했습니다. 이 일을 기념해 큰 강을 건너 이롭게 되었다는 의미로 이천이란 이름을 지어 주었다고 합니다. 이 밖에도 경상북도 안동, 광주광역시도 태조 때 지어진 지명입니다.

이외에도 태조는 지방 호족들에게 관직을 하사해 우대하는가 하면 호족의 딸들을 부인으로 맞이해 호족들과 돈독한 관계를 유지했습니다. 태조의 부인은 무려 29명이나 되었지요. 이러한 조치들은 혼인을 통해 호족들과 동맹을 맺어 고려의 정치를 안정시키고 왕권을 강화하기 위한 의도에서 비롯된 것이었습니다.

지역 간 균형을 위한 노력은 없었나요?

신라는 통일 이후 지방행정제도로 9주 5소경을 시행합니다. 9주는 신라의 영역을 9개로 나눈 것인데, 고구려와 백제의 영토에 각 3주씩, 신라의 원래 영토와 가야 지역에 나머지 3주를 설치해 지역의 균형과 통합을 추구했습니다. 또한 신라의 수도 금성이 국토의 동남쪽에 치우친 것을 보완하기 위해 5소경을 설치했습니다. '소경'이란 작은 수도라는 의미로, 각 지방의 중심지 역할을 했습니다.

고려시대에는 지방 행정구역에 지방 관리를 파견하기 시작했습니다. 관리가 파견된 큰 마을을 '주현', 관리가 파견되지 못한 작은 마을을 '속현'이라 했습니다. 전국의 군현에 관리를 파견하지는 못했다는 것은 중앙정부에서 지방을 완전히 지배하고 통제하지 못했음을 의미합니다. 그래서 고려시대의 지방행정은 주로 향리가 담당했습니다. 향리는 과거 시험에 합격한 중앙 관리가 아니라 지방에서 대대로 관청의 일을 맡아보던 지방 세력이었습니다.

하지만 고려시대에 지방에 대한 차별이 전부 없어진 건 아니었습니다. 고려는 향, 소, 부곡이라는 특수 행정구역을 두었습니다. 이곳 주민은 신분상으로는 평범한 양인이었지만, 일반 군현에 거주하는 사람들에 비해 차별 대우를 받았습니다. 다른 지역으로 이동할 수 없었을 뿐만 아니라 관직 진출에도 제약이 있었습니다. 한편, 외적의 침략이 있을 때 이곳 주민들이 활약하면 마을의 지위를 일반 군현으로 높여 보상해 주기도 했습니다. 또한 이곳 주민들은 농사 외에도 국가 운영에 필요한 물품을 생산하는 역할이 있었기 때문에 향, 소, 부곡에 가해진 차별에 저항하는 반란이 일어나기도 했어요.

향, 소, 부곡을 꼭 차별로만 보아서는 안 된다는 의견도 있습니다. 국가에서 향, 소, 부곡을 설치한 데에는 그럴 만한 이유가 있었거든요. 고려시대에는 아직 농업기술이 덜 발달했기에 사람들은 농사가 잘되는 비옥한 지역에 주로 살았습니다. 그래서 특정 지역에 인구가 집중되는 것을 막으려면 땅이 척박한 지역에도 사람들이 거주하도록 해야 했어요. 즉 지역의 균형 발전을 꾀하려는 의도로 향, 소, 부곡을 설치한 것이라고 볼 수도 있습니다.

지역 간 균형을 위한 고려의 노력은 이뿐만이 아니었습니다. 고려는 중심이 수도 개경(개성)에 치우치지 않도록 3경 제도를 두었습니다. 고려 초기에는 개경에 서경(평양)과 동경(경주)을 더해 3경이라 했고, 고려 중기 이후로는 개경과 서경, 남경(서울)을 3경이라 칭했습니다.

그렇다면 조선시대는 어땠을까요? 조선시대에는 지방에 대한 국가의 통제력이 강화되었습니다. 전국을 8개 도(道)로 나누고, 고려시대와 달리 모든 군현에 관리를 파견했으며 향, 소, 부곡을 없앴습니다. 이는 국가의 힘이 미치지 않았던 지역에까지 국가의 영향력이 확장되었음을 의미하는 동시에, 군현 간의 차별이 사라졌다는 것을 보여 줍니다.

하지만 조선 후기가 되면서 지역 간 불균형은 심화되었습니다. 점차 수도 한양이 다른 도시들에 비해 눈에 띄게 성장했기 때문입니다. 교통과 상업의 발달로 한양은 물자가 풍부해지고 인구가 늘어납니다. 과거 시험의 합격자 중에서 한양 출신이 차지하는 비중도 갈수록 높아졌습니다. 문제는 관직을 떠나더라도 한양에 그대로 머물거나 근교에 사는 경우가 많아졌다는 것입니다. 이는 조선 전기에 관직에서 물러난 고위 관리들이 고향에 돌아갔던 것과 대조됩니다. 조선 후기 실학자 정약용은 이러한 현실을 간파하고, 자식에게 다음과 같은 편지를 보냈습니다.

> 서울의 문밖에서 몇십 리만 떨어져도 … 원시사회가 되어 있으니 … 사람이 살 곳은 오직 서울의 십 리 안팎일 뿐이다. 만약 집안의 힘이 쇠락하여 서울 한복판으로 깊이 들어갈 수 없다면 잠시 서울 근교에서 살면서 과일과 채소를 심으며 삶을 유지하다가 자금이 점점 불어나면 서둘러 도시의 복판으로 들어간다 해도 늦지는 않다. … 먼 시골로 이사 가 버린다면 무식하고 천한 백성으로 일생을 끝마치고 말 뿐이다.

수도 한양과 지방의 생활과 문화 격차가 얼마나 심했는지 짐작이 되지요? 정약용 같은 학자조차 자식들에게 서울에 살아야 한다고 말할 정도이니, 금성에 사는 사람만 골품을 부여받았던 신라 때보다 나아졌다고 할 수 있을까요? 그리고 이러한 생각은 오늘날 서울에 살고 싶어 하는 한국인들의 욕망과 얼마나 다른가요?

수도를 옮기면 해결되지 않나고요?

중앙과 지방의 격차를 해소하거나 관계를 역전시키는 방법으로 수도를 옮기는 방법이 있습니다. 2004년에 대한민국의 행정수도를 서울에서 세종으로 옮기려고 시도한 적이 있어요. 그러나 헌법재판소의 위헌 결정으로 실패하고, 이후 세종시를 행정 중심 복합 도시로 규정하여 정부 기관을 세종시로 분산하고 있습니다.

수도를 옮기는 일은 과거에도 쉬운 일이 아니었습니다.⁑ 역사적 사례를 몇 가지 살펴볼까요? 수도를 옮기려 할 때 맞닥뜨리는 가장 큰 장벽은 수도에 사는 기득권층의 반대입니다. 신라의 신문왕은 삼국 통일 이후 지리적으로 동남쪽에 치우친 금성보다는 조금이라도 한반도 중앙에 가까운 대구 지역으로 수도를 옮기려고 했습니다. 하지만 진골 귀족의 반대에 부딪혀 성공하지 못했습니다. 여기서 눈여겨볼 것은 신문왕은 가장 왕권이 강력했던 시절의 왕이라는 점입니다. 그런 신문왕조차 기득권층을 이겨내고 수도를 옮기는 일이 쉽지 않았던 것입니다.

고려시대 인종 때도 수도를 옮기려는 시도가 있었습니다. 당시 승려 묘청과 정지상 같은 신진 관료들은 수도를 서경으로 옮기고 황제 칭호와 연호를 통해 고려의 위상을 드높이자고 했

⁎ 2004년 노무현 대통령이 세종 지역을 행정수도로 삼으려 했다. 그러나 헌법재판소가 신행정수도 건설을 위한 특별법이 헌법에 위반된다고 밝히며 이 계획은 좌절되었다. 이때 헌법재판소는 관습적으로 서울이 한국의 수도라고 밝혔다.

⁑ 다만 왕정 사회에서 수도 이전(천도)은 지역 불균형을 해소하려는 목적만 갖지 않았다. 그보다는 왕과 귀족(신하) 간의 세력 경쟁 과정에서, 혹은 영토 확장을 위해 천도를 시도했다.

습니다. 그러나 인종이 개경 기득권층의 반대에 서경 천도를 포기하자 묘청 일당은 서경에서 반란을 일으킵니다. 수도를 이전하려던 것이 발단이 되어 개경과 서경, 두 도시 간에 전쟁이 일어난 것입니다.

물론 성공적으로 수도를 옮긴 사례도 있습니다. 고구려의 장수왕은 남진 정책을 명분으로 수도를 국내성에서 평양성으로 옮겼고, 조선을 세운 태조 이성계는 자신이 많은 사람을 죽인 개경을 떠나 한양을 새로운 수도로 삼았습니다. 하지만 이들은 기득권층을 압도할 정도로 강력한 힘을 가진 권력자였다는 점에서 매우 이례적인 사례라고 할 수 있습니다. 백제와 고려도 각각 웅진, 강화도로 천도한 바 있지만, 외세의 공격으로 어쩔 수 없이 수도를 옮긴 경우였습니다.

중앙과 지방의 균형 있는 발전, 어떻게 하면 이룰 수 있을까요?

신라부터 고려와 조선시대, 그리고 현재에 이르기까지 중앙과 지방의 격차는 크고 작은 사회문제를 양산했습니다. 지방에 대한 차별 때문에 반란이 일어나기도 했지요. 지역 간 격차를 해소하기 위해 시대별로 여러 대책을 시도해 왔습니다.

오늘날 서울을 비롯한 수도권 집중화 현상은 다양한 문제를 낳고 있습니다. 집값 상승과 환경문제, 지방 인구 감소에 따른 고령화 등을 들 수 있어요.

그렇다면 중앙과 지방의 균형 있는 발전은 어떻게 이룰 수 있을까요? 역사 속에서 우리가 얻을 만한 실마리로는 어떤 것들이 있을까요?

너의 생각을 들려줘

지역 간 불균형이 최근의 문제인 줄로만 알았는데 과거에도 비슷한 현상이 있었다는 데에 놀랐다. 이 문제를 해결하려면 권력을 분산해야 한다고 생각한다. 요즘은 생계 문제가 중요한 시대이니 일자리를 고르게 분산하는 것이 중요하다. 공기업을 이전한다든가, 세금을 깎아 주는 등 지방에 사는 사람들에게 혜택을 주어야 한다. 그러면 수도권 집중 현상을 어느 정도 해결할 수 있을 것이다.

중앙과 지방이 균형 있게 발전하기 위해서는 수도를 이전하는 게 최선일 것이다. 하지만 실현 가능성도 생각해야 한다. 역사적으로 수도 이전은 장수왕이나 태조 이성계처럼 막강한 권력을 가진 왕 덕분에 가능했다. 하지만 현대 민주사회에서는 수도 이전에 대해 많은 사람의 합의를 이끌어 내기는 쉽지 않다. 또한 수도를 옮겨도 기반 시설이 자리를 잡고 산업이 발전하기까지 오랜 시간이 걸릴 테고, 기존의 수도에 살던 사람들의 반발도 클 것이다. 따라서 실현 가능성을 고려할 때, 수도 이전보다는 지역 간 격차를 해소하기 위한 다양한 정책이 더 필요하다고 생각한다.

수도를 옮기는 방법은 미봉책이라고 생각한다. 이전의 수도와 새로운 수도 간에 균형은 맞출 수 있겠지만, 다른 지역들과의 격차는 해결되지 않을 것이기 때문이다. 수도를 옮기는 것은 또 다른 중앙을 만드는 것에 불과하다. 그보다는 지역들이 협력하면서 함께 발전할 수 있도록 지원해야 한다고 생각한다. 그러려면 각 지역의 고유한 특색을 이해하고, 그 특색을 발전시킬 수 있는 지속적인 성장에 대해 모색해야 한다.

정약용의 글을 보면서 오늘날 지역 간 문화 격차를 떠올렸다. 서울에 살면 뮤지컬도 자주 볼 수 있고 놀이공원도 쉽게 갈 수 있다. 또한 서울에는 지방과 달리 각종 전시나 문화 공연을 위한 시설도 많다. 지역 간 균형을 위해서는 이런 문화 격차를 줄일 필요가 있다. 다행히도 요즘은 물리적 거리나 교통에 상관없이 인터넷을 통해 많은 것을 배우고 익힐 수 있다. 온라인의 한계도 있지만, 인터넷 세상이 발전하고 디지털 접근권이 모두에게 주어지면 중앙과 지방의 격차를 해소하는 데에 도움이 될 거라고 생각한다.

7장

과거제도는 더 나은 사회를 만들었나요?

●

과거제도는 고려 광종 때 도입되었습니다. 과거는 시험을 통해 관리를 선발하는 방식입니다. 광종은 과거제도로 호족 세력을 견제하려 했습니다. 호족의 자손이라도 능력이 없으면 시험에 합격할 수 없었기 때문입니다. 과거를 통해 호족 세력의 힘이 약화되고, 평범한 사람들에게도 관직에 오를 기회가 주어졌습니다.

과거제도는 고려시대를 거쳐 조선시대까지 시행됩니다. 과거는 한문 능력과 유학 경전 지식을 평가했습니다. 시험은 주로 3단계를 거쳤는데, 지방에서 치르는 초시에 합격하면 중앙에서 치르는 복시에 응시할 자격을 주었습니다. 복시에 통과하면 임금 앞에서 전시를 치르고, 여기에서 등수를 가려 관직을 부여했습니다.

선생님, 이거 시험에 나와요?

우리 사회는 유독 시험을 중요하게 여깁니다. 대학 입학, 취업 등 인생의 중요한 순간마다 시험이라는 관문이 기다리고 있기 때문이지요. 그러다 보니 수업 시간에 "이거 시험에 나와요?" 같은 질문이 자주 나오곤 합니다.

시험은 어쩌다가 사람을 선발하는 수단이자 공부의 척도가 되었을까요? 그 기원을 알아보기 위해 이번 장에서는 과거제도의 역사에 관해 살펴보겠습니다. 과거제도가 어떻게 생겨나고 운용되었는지, 어떤 장단점이 있었으며 당시 사회에 어떤 영향을 끼쳤는지 알아볼 거예요.

역사를 공부하면 지금의 현실을 좀 더 이해하는 데에 도움이 됩니다. 과거제도는 옛것이지만 당시 사람들이 경험했던 것들은 오늘날 우리가 시험을 통해 겪는 것과 크게 다르지 않습니다. 과거제도가 더 나은 사회를 만드는 데 기여했는지 질문하고 답하는 과정에서, 어쩌면 오늘날의 시험은 어떤 방향으로 나아가야 할지 실마리를 찾을 수 있을지도 모릅니다.

과거 시험의 기원을 찾아서

과거제도는 시험을 치러 관리를 채용하는 제도로, 중국 수나라에서 처음 시행되었습니다. 그전까지는 전쟁 같은 특별한 상황에서 공을 세운 사람이나 일부 특권층만이 관리가 되어 출세할 수 있었습니다. 과거제도가 도입되면서 시험에 합격하면 누구나 관직에 오를 수 있는 길이 열린 것입니다.

한국 역사에서 과거가 처음 실시된 것은 언제일까요? 바로 고려 제4대 왕 광종 9년(958)입니다. 광종이 왕위에 오를 무렵 고려의 왕권은 불안정했습니다. 지방 호족 세력은 힘이 막강해서 왕도 그들을 통제할 수 없었어요. 광종은 호족 세력을 약화하고 왕권을 강화하기 위한 하나의 방편으로 과거제도를 시행했습니다. 이전에는 아버지가 유력한 호족이면 자식도 관직을 얻기 쉬웠습니다. 하지만 과거제도가 도입되면서 호족의 자식이더라도 시험에 합격하지 못하면 관직에 오를 수 없게 되었습니다.

능력에 따라 관직을 얻게 됨으로써 자연스럽게 호족의 힘이 약해집니다. 실제로 고려 광종 때 치러진 여덟 번의 과거 시험에서 호족 가문 출신의 합격자는 거의 없었습니다. 시험에 합격한 이들 중에는 변변치 못한 가문의 출신도 있었는데, 이들은 자신에게 기회를 준 왕에게 더욱 충성하려는 모습을 보였습니다. 왕 역시 과거제도 덕분에 지식과 능력이 뛰어난 이들을 신하로 둘 수 있었어요. 이렇게 시작된 과거제도는 고려시대를 거쳐 조선시대까지 쭉 이어지다가 갑오개혁(1894) 때 공식적으로 폐지되었습니다.

과거 시험에는 어떤 것이 있었을까요?

과거는 어떤 시험이었을까요? 시대마다 조금씩 차이가 있지만, 크게 문신 관리를 선발하는 '문과', 무신 관리를 선발하는 '무과', 실용적인 일을 하는 관리를 선발하는 '잡과'로 나뉘었습니다.

그중 문과가 단연 인기가 높았습니다. 문과 시험은 '제술업'과 '명경업'으로 나뉘었습니다. '제술업'은 제작한다는 의미의 '제(製)'와 서술한다는 의미의 '술(術)'을 합한 말입니다. 즉, 작문 능력을 평가하는 과목이었습니다. 당시 관리들은 업무를 보거나 주변 국가와 외교 관계를 맺을 때 한문을 사용했습니다. 그래서 한문에 능숙한 사람을 관리로 선발하려고 했지요. '명경업'은 밝게 안다는 의미의 '명(明)'과 경전을 뜻하는 '경(經)'을 합한 말로, 유교 경전에 밝은 사람을 선발한 시험입니다. 국가를 운영할 때 유교 지식이 중요하다고 생각했기 때문입니다.

무과 시험은 조선시대에 와서야 정기적으로 시행됩니다. 무과에서는 먼저 군사 활동에 필요한 지식을 시험하고, 다음 단계에서 말타기, 활쏘기 등의 과목으로 무술 실력을 평가했습니다. 이순신 장군 역시 무과 시험을 치렀는데요, 과연 이순신은 무과에 한 번에 합격했을까요? 그가 처음으로 무과에 도전했을 때 말을 타다 떨어져 다리를 다쳤다고 합니다. 이순신은 포기하지 않고 시험을 치렀지만 결국 시험에서 탈락하고 말았습니다. 하지만 4년 뒤 다시 도전해 합격하지요. 이순신처럼 무예에 능하다고 알려진 인물도 시험에 단번에 합격하지 못했다니! 시험은 누구에게나 쉽지 않은 것 같습니다.

잡과는 당시 기준으로 잡다한 것들을 시험했습니다. 수학 능력을 시험하는 '산과', 의학 지식을 시험하는 '의과', 외국어 능력자를 뽑는 '역과', 법률을 잘 아는 사람을 뽑는 '율과' 같은 시험을 잡과라고 불렀습니다. 오늘날 의사, 외교관, 변호사 등을 선발하는 인기 있는 시험이 옛날에는 잡과로 취급된 것입니다. 시대마다 선호하는 지식과 직업이 다른 게 흥미롭지 않나요?

과거제도는 사회를 어떻게 변화시켰을까요?

과거제도가 시행되면서 누구나 관리가 될 수 있는 길이 열렸습니다. 신라시대와 비교하면 큰 변화라고 할 수 있습니다. 신라 때는 골품제도 때문에 타고난 신분이 낮으면 관직에 오를 수 없거나 진급에 한계가 있었습니다. 반면, 고려시대 과거 시험에는 신분이 낮은 사람도 응시할 수 있었습니다. 하지만 모두에게 기회가 열려 있는 것은 아니었어요. 여성과 천민은 과거제도가 폐지될 때까지도 시험에 응시할 수 없었습니다. 이러한 한계는 아쉬운 점으로 꼽히지만, 신라시대에 비해 더 많은 사람에게 관직의 문이 개방되었습니다.

과거제도를 공정하게 운영하기 위한 노력도 뒷받침되었습니다. 먼저, 시험의 공정성과 객관성을 보장하기 위해 답안지의 이름을 적은 부분을 접어서 풀로 붙여 가린 채로 채점했습니다. 이를 '호명법'이라고 하는데, 고려 현종, 문종, 원종 때 시행되었습니다. 공민왕 18년(1369)부터는 더욱 공정한 채점을 위해 '역서법'을 도입합니다. 역서법은 채점관이 응시자의 필체를 알아볼 수 없도록 답안지를 다른 사람이 베껴 쓴 뒤 채점하는 방식입니다.

또한 과거제도로 인해 학문을 숭상하는 문화도 생겨났습니다. 많은 사람이 시험에 합격하기 위해 학문에 시간을 투자했어요. 또한 국가 차원에서 중앙과 지방 곳곳에 학교를 설립해 학문을 가르치고 사람들의 과거 시험 준비를 도왔습니다. 그 결과 공부하는 사람들이 늘어났습니다.

과거제도는 인쇄 문화 발달에도 기여했습니다. 오늘날 서점에 가면 즐비한 수험서들을 볼 수 있습니다. 옛날에도 마찬가지였어요. 고려, 조선시대에는 과거 시험 대비를 위한 책이 많이 만들어졌습니다. 국가에서는 유학 경전을 출판해 지방의 학교에 비치했습니다. 조선시대에는 과거 합격자들이 쓴 답안지를 모아 놓은 초집이 인기를 끌기도 했습니다. 오늘날 수능 기출문제집이 많이 팔리는 것과 비슷하죠? 이렇듯 과거제도의 도입으로 책 만드는 기술이 향상되었고, 책을 읽는 문화가 점차 확산되었습니다.

그러한 변화들이 꼭 좋기만 했을까요?

양인 이상이면 누구나 과거 시험에 응시할 수 있었지만 평범한 사람이 시험을 준비하는 건 쉬운 일이 아니었어요. 경제적인 이유가 가장 컸습니다. 노비가 없는 사람은 직접 농사를 지어야 했으니 낮에는 시험 공부를 하기가 어려웠습니다. 시험에 합격한다는 보장도 없는데 당장 생업을 포기할 수는 없는 노릇이었죠. 그렇다고 밤에 공부할 수 있는 것도 아니었어요. 기름을 사서 등잔을 켤 수 있는 부잣집이 아니고서야 밤 공부는 현실적으로 어려웠습니다. 게다가 책과 종잇값도 비쌌으니 시험 준비는 하층민보다는 부유한 사람들에게 훨씬 유리했습니다. 제도적 문턱은 낮아졌을지언정 현실적으로 과거 시험에 도전할 만한 여건이 마련되지 않았던 것입니다.

과거제도의 시행으로 학교가 늘어난 것은 사실이지만, 신분을 막론하고 누구나 학교에 다닐 수 있는 것은 아니었습니다. 고려의 수도 개경과 지방에는 각각 '국자감'과 '향교'가 세워졌습니다. 하지만 문벌 귀족의 자제만 국자감에 들어갈 수 있었고, 향교 역시 향리의 자손이 입학하는 경우가 많았습니다.

또한 과거제도는 학문의 다양성을 저해했습니다. 조선 초에 만들어진 학령(학교 규칙)에는 "항상 사서오경 및 제사(여러 역사책) 등의 글을 읽으며, 《장자》, 《노자》, 불경… 등의 책을 끼고 다녀서는 안 된다"라고 나와 있습니다. 사서오경과 역사책 들은 과거 시험에 출제된 반면, 《장자》, 《노자》, 불경은 도교, 불교 등의 교리를 담은 책이라 시험에서 다루어지지 않았습니다. 이처럼 과거제도는 폭넓은 지식과 사상을 갖춘 관리를 선발하기보다는 유학에 치중한 관리 등용 제도였습니다.

과거를 준비하는 학생들은 유교 경전마저도 깊이 읽기보다는 좀 더 쉽게 공부하는 방법을 선호했어요. 사서삼경 등의 핵심 내용을 정리한 초집도 이런 맥락에서 인기가 높았습니다. 초집 위주의 공부는 합격에 주안점을 두었던 만큼 깊이 있고 균형 잡힌 식견을 기르는 것과는 다소 거리가 있었습니다.

과거 시험은 제한된 시간 안에 같은 문제를 풀어야 하는 시험이었습니다. 그래서 고려시대에는 제한 시간 내에 글을 빨리 쓰는 연습을 하기 위해 '각촉부시'라는 시험 준비 방법이 유행했습니다. 각촉부시란 초에 눈금을 그어 놓고, 눈금이 타기 전까지 시를 짓는 시합입니다. 하지만 빠른 시간 안에 완성도 있는 글을 써낸다고 해서 학문이 뛰어나고 관리가 되기에 적절한 사람인가 하는 물음에는 선뜻 그렇다고 답하기 어렵습니다. 좋은 관리가 되기 위해서는 다양한 능력이 필요합니다. 글을 읽고 쓰는 능력 외에도 정책을 판단하는 능력, 도덕성과 청렴함, 협동력과 설득력 등을 두루 갖춰야 하지요. 시험만으로는 이 모든 능력을 정확히 측정하기 어렵습니다. 글을 잘 쓰고 유교 경전에 해박하다고 해서 올곧고 유능한 관리가 되리라는 보장은 없으니 말입니다.

적은 선발 인원, 과열된 경쟁

과거 시험의 또 다른 문제는 선발 인원이 너무 적었다는 것입니다. 가장 인기가 많았던 문과를 기준으로, 전국에서 3년에 한 번 시험을 치러 33명을 선발했습니다. 나라에 경사가 있거나 인재가 필요할 때 추가 시험을 치르긴 했지만, 정원을 크게 늘리지는 않았습니다. 고려, 조선시대에 국가의 예산 규모는 현대 사회에 비해 턱없이 작아서, 관리를 많이 뽑으면 급여를 감당할 수 없었기 때문입니다.

그러다 보니 과거 시험은 경쟁이 치열했습니다. 조선 정조 24년(1800)에는 이틀간 무려 21만 명이 넘는 인원이 과거 시험에 도전해 12명만이 합격의 영예를 안았습니다. 응시자가 가장 많았던 조선 고종 31년(1894)에는 23만 7,299명이 과거 시험을 치렀습니다.

합격의 영광을 누린 이들은 극소수였지만, 응시자들은 불합격했다고 해서 쉽게 시험을 포기하지는 않았습니다. 시험에 거듭해서 낙방하더라도 합격만 하면 관리가 되어 부와 영광을 누릴 수 있었으니까요. 17세기 인물인 김령(1577~1641)은 무려 열네 번의 과거 시험에 도전해서 36세에 문과에 합격했습니다. 과거 합격자의 평균 연령은 36.4세였습니다. 그보다 늦은

40~50대 합격자도 많았습니다. 임진왜란 때 행주대첩으로 이름을 떨친 권율 장군은 46세 때 과거에 합격했지요.

늦은 나이에라도 합격하면 운이 좋은 것이었습니다. 그렇지 못한 사람이 훨씬 많았으니까요. 조선 후기 학자였던 황윤석(1729~1791)은 24세부터 46세까지 무려 23년이나 과거 시험에 도전했습니다. 하지만 가장 바라던 문과 급제는 끝내 이루지 못했습니다. 그렇다고 그의 학식이나 글솜씨가 모자란 것은 아니었습니다. 오히려 글을 잘 쓰기로 이름난 선비였어요. 그는 53년 동안 자기가 보고 듣고 배우고 생각한 것들에 관해 쓴 일기인《이재난고》라는 책을 남겼습니다. 이 책은 조선시대 생활상을 생동감 있게 보여 주는 사료로 가치가 높습니다. 여기에는 그가 1768년 여름, 과거 시험을 마치고 냉면을 시켜 먹었다는 이야기가 나옵니다. 이를 두고 요즘 사람들은 한국 역사상 최초의 배달 음식이 아니냐고 말하기도 합니다. 그는 그해 시험에는 낙방했지만, 그날의 일기로 역사의 주목을 받은 것이죠.

학식과 능력을 갖춘 사람들이 과거 시험에 매달리지 않고 다른 일을 했다면 어땠을까요? 개인적으로도 더 보람 있는 삶을 살고, 사회적으로도 인재의 낭비를 피할 수 있지 않았을까요?

과거제도가 없었던 일본은 어땠을까요?

우리와 비슷한 문화권인 일본은 과거제도를 시행하지 않았습니다. 오랫동안 신분이 고정된 사회였기 때문에 일본인들은 시험 등 수단을 통한 신분 상승에 희망을 품지 않았습니다. 과거제도가 없었으니 합격과 그에 따른 보상에 대한 욕망도 없었다고 봐야겠지요. 관리를 뽑을 때 능력보다 혈통을 중요시했다니 불공평해 보이지만, 견고한 신분제도가 긍정적인 효과를 가져오기도 했습니다.

일본은 장인 문화가 발달했습니다. 신분이 고정된 탓에 가족이 대대로 같은 일을 이어 온 덕분입니다. 할아버지가 칼을 만들면, 아버지와 그 자식도 칼을 만드는 경우가 많았습니다. 자연스레 축적된 기술과 지식에 섬세함까지 더해졌습니다. 국가가 공인한 신분 상승 수단이 없는 상황에서 일본인들은 자기 일에서 높은 경지에 이르는 방식으로 자아를 실현했던 것입니다.

일본 역사가들은 일본에 과거제도가 없었기에 오히려 다양한 학문이 고루 주목받았다고 설명합니다. 과거제도가 일찍부터 발달한 중국과 한국에서는 교육이 출세의 수단이 되었던 반면, 일본에서는 교육과 출세가 무관했기 때문에 오히려 배움 그 자체에 관심을 가질 수 있었다는 겁니다. 그래서 비록 한국과

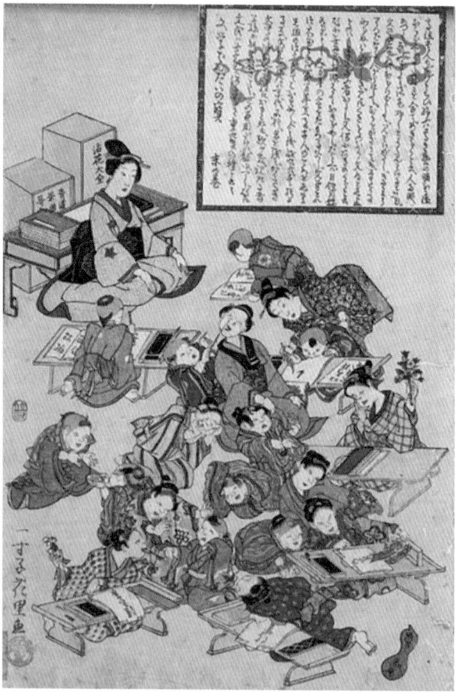

일본의 민간 교육기관 데라코야는 상인, 농민 등 서민의 자녀들에게 읽기, 쓰기, 주산과 같은 기초교육을 제공했다. 데라코야의 모습을 담은 위 그림은 여성들도 교육받을 수 있었다는 사실을 보여 준다.

중국보다 학교 제도가 늦게 발달했지만, 에도시대(1603~1868) 이후 '데라코야(寺子屋)'라는 교육기관이 많이 세워지면서 서민도 읽고 쓰는 법을 배우려는 문화가 형성되었다고 주장합니다. 또한 메이지 유신(1868)⁝ 이후 일본이 서구 학문을 적극적으로 받아들인 데에도 과거제도가 없었던 것이 영향을 미쳤다고 설명합니다.

이처럼 과거제도가 없었던 일본에서는 신분 상승의 기회가 제한적이었습니다. 하지만 오히려 시험의 압박에서 자유로웠기 때문에 자발적으로 공부했다니, 참 흥미로운 주장입니다.

시험 제도는 필요한가요?

문장을 짓는 능력과 유교 경전에 대한 지식을 시험해 관리를 선발하는 과거제도는 오늘날에는 운영되지 않습니다. 하지만 과거 시험의 영향은 여전히 남아 있습니다. 과목이 달라지기는 했지만, 지금도 시험은 대학 입학과 취업을 비롯한 크고 작은 인생의 방향을 좌우합니다. 하지만 시험의 영향력이 크다고 해서 시험 제도가 당연한 것은 아닙니다.

지금까지 역사 속에서 약 1,000년 동안 이어진 과거제도에 대해 함께 알아보았습니다. 그 과정에서 어떤 장단점이 있었는지 파악했을 것입니다. 이제 여러분의 생각을 들어 볼 차례입니

⁝ 일본이 정치, 경제, 문화 등 여러 분야에서 서양 문물을 받아들이고 근대화를 시도한 사건을 말한다.

다. 여러분은 과거제도로 인해 더 나은 사회가 만들어졌다고 생각하나요?

너의 생각을 들려줘

과거제도는 공정한 사회를 만드는 데 이바지했다. 과거제도가 시행되기 전에는 개인의 능력보다는 신분이 우선시되었다. 능력이 있더라도 전쟁과 같은 특별한 기회가 아니면 출세하기 어려웠다. 모든 사람이 과거 시험에 응시할 수는 없었지만 이전에 비해 많은 기회가 제공되었다고 볼 수 있다. 그런 점에서 과거제도가 더 나은 사회를 만들었다고 생각한다.

과거제도로 출신에 관계없이 공정하게 사람을 뽑을 수 있었다. **하지만 부정적인 점이 더 많았다고 생각한다.** 여성이나 천민은 시험에 응시할 수 없었고, 경제적 여유가 없는 평민들은 생계와 공부를 병행할 수 없었다. 또한 평가 과목인 유학만으로는 현실 정치 문제에 대응하기 힘들었다고 생각한다. 유학을 잘 아는 사람이 좋은 관리라고 할 수 있을까? 과거제도에 대해 공부하면서 현재의 시험을 떠올렸다. 때로는 별로 중요하지 않은 내용으로 시험을 보고, 깊게 생각하는 것보다 정답만을 중요시할 때가 많기 때문이다.

시험 제도가 더 나은 사회를 만들었는지 잘 모르겠다. 과거를 포함해서 시험이란 것은 특정 분야에서 뛰어난 사람을 선발하는 데 특화되어 있다. 하지만 이런 장점을 제대로 활용할 수 있는지는 의문이다. 고려와 조선시대 과거에서는 유교 경전 지식과 한문 능력을 시험했다. 하지만 국가를 운영하는 데 시와 글쓰기가 가장 중요한 능력은 아니다. 이는 현재도 마찬가지다. 많은 사람이 시험에 응시하다 보니 업무에 필요한 능력을 측정하기보다 오히려 누군가를 불합격시키기 위한 시험 문제들이 만들어진다. 이는 사회적인 낭비라고 생각한다.

시험은 인재를 선발하는 공정하고 효율적인 방법이다. 시험 과목을 얼마나 이해하고 있는지 점수를 통해 명확하게 알 수 있기 때문이다. 또한 시험은 지식이나 능력뿐만 아니라 응시자의 노력 의지를 평가할 수 있다고 생각한다. 시험을 열심히 준비해서 성과를 낸 사람은 다른 일에서도 그만큼 노력할 가능성이 크다. 물론 돈도 없고 시간도 없는 사람에게는 불공평하게 여겨질 수 있지만, 그래도 시험은 노력으로 극복할 수 있도록 기회를 준다고 생각한다.

8장

진정한 권력은 어떻게 만들어질까요?

●

11세기부터 12세기 초까지 고려는 문벌의 나라였습니다. 대대로 높은 문신 관직을 차지한 가문들을 문벌이라 하는데, 이 문벌들이 권력을 장악했습니다. 반면 무신은 문신과 달리 홀대받았으며 권력에서도 소외되었습니다.

1170년(의종 24), 무신들이 정변을 일으킵니다. 이들은 수많은 문신을 제거하고 권력을 차지합니다. 이때부터 100년간을 '무신정권시대'라고 합니다. 이 시대에는 권력 다툼이 잦았고, 힘 있는 자가 기존 권력자를 제거하고 새로운 권력을 잡는 일이 반복되었습니다.

무신 정권은 13세기 몽골과의 전쟁 이후로 무너집니다. 몽골과 화의(和議)를 맺는 것을 두고 국왕과 무신 권력자가 대립했고, 1270년 무신 정권은 막을 내립니다.

무력으로 권력을 지킬 수 있을까요?

국어사전에 권력은 '남을 복종시키거나 지배할 수 있는 공인된 권리나 힘'이라고 나와 있습니다. 즉, 남이 나의 의도대로 행동하도록 어떤 영향을 끼치는 힘을 말합니다.

그러면 권력은 어디에서 오는 것일까요? 어떻게 하면 남을 나의 의도대로 행동하도록 만들 수 있을까요? 중국의 마오쩌둥은 이런 말을 남겼습니다. "권력은 총구에서 나온다." 치열한 권력 투쟁에서 승리하려면 군사력과 같은 강한 힘이 필요하다는 생각을 엿볼 수 있어요. 그런데 군사력으로 충분할까요? 누군가에게 총구를 들이밀면, 그는 아마 나의 의도대로 행동할 것입니다. 적어도 그 순간에는 말이지요. 하지만 그렇게 해서 정말로 권력을 얻을 수 있을까요?

이번 장에서는 한국사에서 군사력을 가진 무신 집단이 오랫동안 최고 권력자 자리를 누렸던 시기를 살펴보겠습니다. 바로 무신정권의 시기입니다. 당시 무신들은 권력을 어떻게 얻고, 또 어떻게 잃었을까요? 이 시기를 살펴보면서 진정한 의미의 권력이란 무엇일지 생각해 봅시다.

무신, 정권을 손에 넣다

과거제도가 정착된 후 고려는 문벌이 주도하는 나라가 되었습니다. 문벌이란 과거 시험에 대대로 합격해 오래도록 높은 관직을 이어간 가문을 뜻합니다. 고려 때는 과거제도 외에도 '음서'라는 제도가 있었습니다. 음서는 아버지나 할아버지가 높은 관직에 있으면 시험을 치르지 않고도 관직을 받는 방법이었어요. 일부 문벌은 자신들의 권력을 더 굳건히 하기 위해 왕실과 혼인 관계를 맺기도 했습니다. 이런 방법으로 문벌은 대대로 권력을 유지했습니다.

그들과 달리 무신은 권력에서 소외됐습니다. 고려시대 과거 시험에서는 무신을 뽑는 무과가 시행되지 않았습니다. 공식 시험을 통하지 않고 힘을 잘 쓰거나 전쟁에서 공을 세운 이를 무신으로 선발했습니다. 그러다 보니 무신은 과거에 합격한 문신 관리보다 낮은 대우를 받았습니다. 게다가 12세기 무렵에는 외국과 전쟁이 거의 일어나지 않아서 무신이 인정받을 기회도 줄

안악 3호분 '수박희' 벽화. 수박희는 맨손으로 상대방과 겨루는 한국의 전통 무예다.

어들었습니다.

이러저러한 이유로 무신이 대접받지 못하는 와중에, 무신들의 자존심이 상하는 사건이 발생했습니다. 고려 왕 의종이 개최한 한 잔치에서 군인들에게 격투기의 일종인 수박희를 하게 했습니다. 이때 나이 많은 장군 이소응이 젊은 병사와 대결했어요. 아무리 장군이라도 젊은 병사를 맨주먹으로 이기기는 쉽지 않았겠죠? 문제는 경기를 지켜보던 젊은 문신 한뢰가 수박희에서 패한 이소응의 뺨을 때린 것이었습니다. 무신들은 이 사건을 두고 문신이 무신 전체를 업신여긴 행위라고 생각하며 분노했습니다.

바로 그날, 무신 정중부, 이의방, 이고가 합심해 군대를 일으킵니다. 이 사건이 바로 '무신정변(1170)'입니다. 무신들은 문신과 환관 세력을 제거하고 국왕인 의종을 폐위시킵니다. 이로써 무신은 오랜 찬밥 신세에서 벗어나 고려의 권력을 손에 넣게 됩니다.

잡힐 듯 잡히지 않는 권력의 늪

처음에는 무신정변을 주도한 무신들이 권력을 잡았습니다. 하지만 국가의 체제를 바꾸지는 않았어요. 무신들은 의종을 폐위하고 거제도로 귀양 보낸 뒤, 다른 고려 왕족을 모셔다가 국왕(고려 명종)으로 옹립(임금으로 받들어 모심)했습니다. 왕까지 폐위했지만 고려 왕조를 무너뜨리지는 않은 것이죠. 무신들 가운데 누군가 나서서 왕이 되려고 하지도 않았습니다.

의종을 다시 왕위에 앉히려는 반란이 계속해서 일어나자, 무신들은 의종을 제거하려 합니다. 하지만 누구도 선뜻 나서는 사람이 없었습니다. 한때 왕으로 모시던 인물을 죽이기는 쉽지 않았을 테지요. 신분 사회였으니 더욱 그랬을 거예요. 하지만 의종은 결국 이의민에게 죽임을 당합니다. 이의민은 천민 출신이었지만 힘이 세고 무예가 뛰어나 장군의 자리까지 오른 인물이었습니다. 국왕이었던 자가 천민 출신의 손에 죽다니! 당시 사람들에게 꽤 충격적인 사건이었을 것입니다.

무신정변을 일으킨 정중부, 이의방, 이고의 권력은 오래가지 않았습니다. 무신들 사이에 분열이 일어나면서, 먼저 이고가 권력에서 밀려납니다. 이후 이의방이 자기 딸을 태자비로 삼으려 하자 정중부가 그를 제거합니다. 아무리 권력자라도 낮은 신분 출신이 왕족과 혼인 관계를 맺고자 하니 탐탁지 않았던 거예요. 정중부의 권력도 금세 바랬습니다. 1179년, 젊은 장군 경대승이 정중부를 내쫓고 권력을 차지한 것입니다. 그러나 경대승이 1183년에 병으로 죽자 무신 권력에 공백이 생깁니다.

명종은 무신들이 옹립한 인물이기에 자기 기반이 약했습니다. 경대승의 죽음으로 공백이 생긴 권력은 결국 또 다른 무신인 이의민에게 넘어갑니다. 이의민은 노비인 어머니에게서 태어난 천민이었지만 타고난 힘과 무신정변 때의 활약으로 고려의 최고 권력자가 될 수 있었어요. 이처럼 무신정권 초기에는 무신들 간의 끊임없는 권력 다툼으로 정국이 혼란스러웠습니다.

최충헌은 어떻게 죽을 때까지 권력을 쥘 수 있었을까요?

이의민도 정권을 영원히 잡지는 못했습니다. 이의민의 아들이 최충수라는 무인의 집 비둘기를 강탈해 두 집안이 서로 싸운 것이 사건의 시작이었습니다. 이를 계기로 최충수와 그의 형 최충헌이 군사를 일으켜 1196년(명종 26) 이의민을 제거하고 권력을 장악했습니다. 이후 형 최충헌은 동생 최충수마저 제거하고 권력을 독차지합니다.

최충헌은 이전의 무신 권력자들과 조금 다른 면이 있었습니다. 그는 권력을 잡자마자 국왕 명종에게 〈봉사 10조〉라는 개혁 건의문을 올립니다.

첫째, 새로 지은 궁궐에 임금께서 들어가십시오.

둘째, 필요 없는 관리의 숫자를 줄이십시오.

셋째, 탐욕스러운 관리들이 농민에게 빼앗은 토지를 원래 주인에게 돌려주게 하십시오.

넷째, 어질고 능력 있는 관리를 임명하십시오.

다섯째, 지방관이 바치는 공물의 진상을 금지하고, 지방관은 오직 백성의 형편만을 살피게 하십시오.

여섯째, 승려들의 궁궐 출입과 높은 이자로 돈을 빌려주는 고리대를 금지하십시오.

일곱째, 지방 향리들을 감찰하여 잘한 자는 상을 주고, 잘못한 자는 벌을 주도록 하십시오.

여덟째, 벼슬아치들의 사치를 금하고 검소함을 유지하도록 하십시오.

아홉째, 태조 왕건 때 만든 절 외에는 모두 없애도록 하십시오.

열째, 훌륭한 인물을 가려 뽑아 임금 곁에 두고 바른말을 하도록 하십시오.

위 내용을 보면, 최충헌이 권력을 유지하기 위한 명분을 잘 세우고 있음을 알 수 있습니다. 최충헌은 마치 자신이 권력을 노려서가 아니라 고려 사회를 나은 방향으로 개혁하기 위해 권력을 잡은 것처럼 묘사하고, 겉으로는 왕을 존중하는 태도를 보입니다.

또한 최충헌은 권력 유지를 위해 정치적·군사적 기반을 확보하기도 했습니다. 먼저 '교정도감'이라는 통치 기구를 두어 자신을 반대하는 세력을 감시했습니다. 교정도감은 점차 그 역할이 확대되어 세금 징수와 관리 추천 업무까지 관할하게 됩니다. 그는 '도방'이라는 군사 조직을 만들기도 했습니다. 도방은 한때 무신 권력자였던 경대승이 처음 만든 군사 조직입니다. 최충헌은 이를 확대해 자기를 호위하는 조직으로 만들었습니다.

최충헌의 뒤를 이은 아들 최우는 권력을 지키기 위해 어떤 노력을 했을까요? 최우는 관리의 승진과 부서 이동, 인재 선발을 관리하는 '정방'이란 관청을 세웁니다. 그런데 그는 정방을 자신의 저택 안에 두었습니다. 이로써 왕의 궁궐이 아닌 최우의 집에서 국정을 논하게 된 것입니다.

최우는 무신정변 이후 제대로 대접받지 못하던 문신에게도 기회를 주었습니다. 우선, 과거 시험의 선발 인원을 크게 늘립니다. 학생들은 이를 반겼으나 국가 재정에 한계가 있다 보니 선발 인원이 늘어난 만큼 관직도 곧장 늘지는 않았습니다. 시험에 합격해도 실제 관직을 받기까지는 오랜 세월 기다려야 했어요. 이 때문에 문신 중에는 최씨 가문에 잘 보이려 노력하는 사람이 많았습니다. 하루라도 빨리 관직에 임명되고 싶었을 테니까요. 유명한 문신이었던 이규보는 최충헌이 기르던 공작새를 주제로 시를 지어 바친 후에야 제대로 된 관직을 얻을 수 있었습니다.

최충헌과 그 후손들은 단지 정치권력을 얻는 것으로 만족하지 않았습니다. 최충헌은 왕에게서 경상도 진주 지방의 많은 땅을 받았습니다. 당시 진주는 땅이 비옥하여 농사가 잘되는 곳이었기 때문에 최씨 가문은 이 지역을 차지함으로써 막대한 경제력도 거머쥘 수 있었습니다.

이렇듯 최씨 가문은 다른 무신들과는 다른 방식으로 권력을 공고히 했습니다. 권력을 얻은 데서 멈추지 않고 경제와 군사 분야에서도 권력의 기반을 다졌어요. 겉으로는 고려의 개혁이라는 명분을 내세웠고, 새로 만든 기구와 제도를 활용해 문신들도 최씨 정권에 봉사하도록 했습니다. 이를 바탕으로 최씨 가문은 최충헌 때부터 아들 최우, 손자 최항, 증손자 최의에 이르기까지 4대에 걸쳐 62년(1196~1258)이나 권력을 독점했습니다.

체제에 저항하는 사람들

무신들은 권력을 장악했지만, 사회를 안정적으로 유지하고 관리하는 데에는 실패한 것으로 보입니다. 중앙의 질서가 혼란한 사이 지방에서는 집권 무신에게 반대하는 세력과 민중이 봉기했습니다.

무신정변이 일어난 지 3년 뒤인 1173년, 문신 김보당이 무신들에게 쫓겨난 의종이 다시 왕위에 오른 것을 명분으로 군사를 일으켰습니다. 1174년에는 서경(평양)을 지키던 조위총과 그 휘하의 군사들이 무신 권력자들에게 반기를 들었습니다. 개경의 무신들은 군대를 보내 이들의 반란을 진압했습니다. 이 두 봉기는 지배층 가운데 무신정권에 반대하는 세력들이 정권에 도전한 것이었습니다.

1176년에 충청도 공주 명학소에서 시작된 망이·망소이 형제의 봉기는 달랐습니다. 이 봉기는 차별받던 특수구역 소(所)에 살던 하층민들이 일으킨 것이었습니다. 이후 다른 지역에서도 차별 대우에 항의하며 하층민들이 들고일어났습니다. 각 지역에서 개별적으로 발생하던 것이 점차 주변 지역의 봉기 세력과 힘을 합쳐 무신정권에 저항했지요. 그 결과, 여러 봉기 세력을 결집시킬 수 있는 목표가 생기기도 했습니다. 경상도 지역에서는 '신라 부흥'을 목표로 삼았고, 전라도에서는 이연년 형제가 '백제 부흥'을, 서경의 봉기 세력은 '고구려 부흥'을 외쳤습니다. 당시 고려 왕조에 대한 실망이 얼마나 컸는지 짐작되지요?

이 시기에는 노비층의 신분 해방 운동도 일어났습니다. 1198년 최충헌의 노비 만적은 봉기를 시도했습니다. 그는 자신의 주인 최충헌이 일개 무신에서 최고 권력자가 되는 과정을 지켜보았습니다. 최충헌이 제거했던 이의민은 천민의 자식이었고요. 만적은 개경의 북쪽 산에서 나무를 패던 노비들을 모아 놓고 이렇게 말했습니다. "장군과 재상의 씨앗이 어찌 타고나는 것이겠는가? 기회만 잘 맞으면 누구나 높은 자리에 오를 수 있다. … 각자 자신의 주인을 죽이고 노비 문서를 불태우자. 그리하여 이 땅의 천민을 없애면 우리도 왕과 제후, 장군과 재상이 될 수 있다." 계획이 새어 나가면서 만적과 노비들의 봉기는 실패했지만, 이들의 시도는 당시 신분제에 대한 하층민의 인식을 잘 보여 줍니다.

무신정권은 봉기한 사람들을 초적(들판에서 일어난 도적)이라고 부르며 토벌했습니다. 초적이 얼마나 많았으면 무신정권 때 초적을 토벌하기 위해 '별초(別抄)'라고 불리는 임시 군대를 여러 개 둘 정도였어요. 그런데 그들은 정말로 '초적'이라는 이름처럼 들판의 도적 무리였을까요? 초적이라 불린 사람들은 무거운 세금과 무신 권력자들의 수탈에 견디다 못해 저항한 것이었습니다. '반란'이 아닌 벌처럼 떼를 지어 일어났다는 뜻의 '봉기'라고 한 것도 피지배층이 뭉쳐서 저항한 측면에 주목한 것이에요.

이처럼 무신정권 시기에는 체제에 대한 저항이 빗발쳤습니다. 저항이 거셌다는 것은 그만큼 정권을 장악한 무신들을 인정하지 않는 사람이 많았다는 뜻이기도 하겠지요?

무신정권은 어떻게 끝났을까요?

무신정권의 붕괴는 고려 밖에서 시작되었습니다. 13세기 초 세계를 정복한 몽골제국이 고려를 침공합니다. 몽골이 처음 침공

했을 때 고려의 권력자는 최우였습니다. 최우는 고려의 수도를 개경에서 강화도로 옮겨 몽골에 저항하자고 주장합니다. 당시 개경 사람들은 수도의 편안한 생활에 익숙한 탓에 강화도로 옮기는 것을 꺼렸으나 최우가 두려워 아무도 반대하지 못했습니다. 최우가 강화도로 수도를 옮긴 것은 몽골군이 해전(海戰)에 약하다는 것과 이미 육지의 많은 성과 군대가 무너져 몽골에 저항하기 힘든 상황이었다는 점 때문이었습니다.

수도를 옮겨 저항한 덕분에 최우 정권은 몽골에 완전히 정복되지는 않았습니다. 하지만 언제까지나 섬에 머무를 수만은 없었어요. 백성들은 30여 년 동안 이어진 전쟁에 지쳐 나중에는 몽골군을 환영하기까지 했습니다. 최씨 정권은 자신들의 정권 유지에만 급급해했을 뿐 짓밟힌 국토와 처참한 민중의 삶은 보살피지 않았던 것이지요. 왕과 문신 세력 역시 몽골과 화친하기를 원했습니다.

결국 문신 세력은 일부 무신과 힘을 합쳐 최씨 정권의 마지막 권력자인 최의를 죽입니다. 이후 김준, 임유무 같은 무신들이 잠시 권력을 잡기는 했으나 이미 대세는 몽골과 화해하는 쪽으로 기울고 있었습니다. 몽골은 고려 국왕이 몽골제국에 직접 와서 항복하는 것을 조건으로 걸었어요. 당시 태자였던 원종은 나이가 많은 국왕 대신 몽골을 방문해 직접 항복한 뒤, 몽골

군사와 함께 돌아와 수도를 다시 개경으로 옮기라고 지시합니다. 이로써 무신 세력은 권력을 잃었고, 국왕과 몽골 세력이 고려의 새로운 권력자로 떠올랐습니다. 이것이 1270년에 일어난 일입니다. 무신정변이 일어난 지 100년 만에 무신정권이 무너진 것입니다.

한편, 남은 무신 세력은 여전히 몽골과의 화친에 반대했습니다. 그들은 '삼별초'를 중심으로 고려 왕실과 몽골군에 저항합니다. 삼별초는 최씨 정권 기간에 만들어진 부대였는데, 좌별초, 우별초 부대에 몽골과의 전쟁에서 돌아온 군인들이 합세해 총 3개의 부대로 꾸려졌습니다. 삼별초는 무신정권에 충성하던 부대이기도 했지만, 한편으로는 당시 몽골의 침략으로 고통받던 민중들의 지지를 받기도 했습니다. 몇몇 지역에서는 삼별초 세력을 진정한 고려 정부로 인정하기도 했어요. 무신정권에 의해 고통받던 민중들이 무신정권의 잔당인 삼별초를 응원했다니 참 아이러니한 일이죠?

삼별초는 해전에 약점을 보이던 몽골군에 맞서 강화도, 진도, 제주도로 근거지를 옮겨 가며 싸움을 이어갔습니다. 하지만 삼별초는 끝내 몽골과 고려 연합군에 패하고 맙니다.

진정한 권력은 무엇일까요?

권력을 잡은 무신들은 처음에는 천하를 호령할 수 있을 거라고 생각했을지도 모릅니다. 그들은 부와 관직을 얻고 국가의 주요 정책을 결정했습니다. 심지어 국왕을 교체하기도 했어요. 하지만 군사력으로 장악한 권력은 오래가지 못했습니다. 무신의 시대를 열었던 이의방, 정중부, 이의민은 모두 다른 무신들에게 제거되는 비극을 맞이합니다. 또한 62년간 권력을 독점한 최씨 가문도 직접 왕위에 오르지는 못했습니다. 왕의 권위는 오랜 역사 속에서 형성된 것이었기에 최씨 권력자들도 그 권위를 넘지 못한 것이죠.

그렇다면 권력을 잡은 무신들은 고려 사람들의 인정과 존경을 받았을까요? 그렇게 보이지는 않습니다. 당시 일어났던 수많은 봉기는 무신정권에 불만을 가진 사람이 많았음을 잘 말해 줍니다.

수많은 경쟁자를 죽이고 100년간 유지되었던 무신정권은 결국 끝나고 말았습니다. 다시 처음의 질문으로 돌아가 봅시다. "권력은 총구에서 나온다"라는 말에 동의할 수 있나요? 그렇지 않다면, 진정한 권력은 무엇이며 어디에서 나온다고 생각하나요?

너의 생각을 들려줘

진정한 권력이란 인간관계에서 비롯된다고 생각한다. 역사가 말해 주듯 자기 욕심만 채운 무신들은 결국 무너졌다. 하지만 겉으로라도 왕을 존중하는 명분을 챙기고, 백성들이 좋아할 만한 이야기를 내놓았던 최충헌은 권력을 오래 유지할 수 있었다. 그는 소외되었던 문신 세력을 챙기고, 그들이 불만을 품지 않도록 과거 시험의 합격자 수도 늘렸다. 사람 간의 관계를 신경 썼기에 그의 권력이 오래 유지된 것이다.

흔히 강력한 힘으로 상대방의 복종을 이끌어 내는 것을 권력이라고 말한다. 하지만 강한 힘만 내세우면 진정한 권력을 갖기 힘들다. 힘만 믿고 자신의 이익을 앞세우면 사람들의 반발을 살 수 있기 때문이다. 이의방이 자기 딸을 왕비로 만들려다가 살해당하고, 이의민의 자식들이 최충수의 집 비둘기를 빼앗는 횡포를 부려서 이의민이 몰락했던 것처럼 말이다. 힘만 앞세우기보다는 사람들을 품어 주는 것이 사람들이 자발적으로 따르게 하는 방법인 것 같다.

“왕이라고 칼자루 잡는 것 아니고, 신하라고 늘 칼끝 쥐는 것 아니다.” 영화 〈사도〉에 나오는 대사다. 이 말처럼 한 사람이 영원히 권력을 누릴 수는 없다. 높은 지위나 군사력 등 어느 한 가지만으로 권력을 계속 유지할 수 있는 것도 아니다. 군사력을 이용해 권력을 잡은 사례가 많기는 하지만, 권력을 잡는 것과 유지하는 것은 다른 문제다. 역사를 통해 알 수 있듯이, 최씨 가문처럼 제아무리 전략을 잘 세운 권력자라고 하더라도 주변 상황이 어떻게 변하느냐에 따라 권력을 잃기도 한다.

9장

원 간섭기는 굴욕의 시기이기만 했을까요?

●

13세기 몽골제국이 고려를 침략합니다. 칭기즈칸이 세운 몽골제국은 강력한 기마 군대를 바탕으로 역사상 가장 넓은 영토를 차지했습니다. 몽골의 침략을 받은 고려는 수도를 강화도로 옮기면서 격렬하게 저항합니다. 하지만 30여 년에 걸친 전쟁 끝에 고려는 항복을 선언합니다.

이후 고려는 정치, 경제, 사회, 문화 각 분야에서 몽골의 영향을 강하게 받았습니다. 몽골이 나라 이름을 '원(元)'이라고 정했기에, 이 시기를 흔히 '원 간섭기'라고 부릅니다. 원 간섭기는 고려가 몽골에 항복하고 화의를 맺은 13세기 후반부터 한반도에서 원의 세력을 몰아내는 14세기 중반까지 약 100년의 기간을 이르는 말입니다.

원 간섭기는 어떤 시기일까요?

원 간섭기에 원은 고려 사회 구석구석에 많은 영향을 미쳤습니다. 고려 왕실의 경우, 국왕은 몽골 사람처럼 변발하고 몽골인의 옷을 입었습니다. 몽골 공주가 왕비가 되었고, 죽은 왕에게 붙이는 칭호에는 원에 충성한다는 의미의 '충(忠)' 자가 붙었습니다. 고려의 여자들은 몽골인에게 바치는 공녀로 끌려가고, 남자들은 원 황실에 가서 환관(내시)이 되었습니다. 심지어 몽골이 고려의 매를 요구한 탓에 평민들은 온종일 산을 쏘다니며 매를 산 채로 잡느라 애먹었습니다. 한편 원의 간섭으로 국가의 통제가 약해진 사이 새로운 지배 세력으로 등장한 '권문세족'은 함부로 남의 땅을 빼앗고 힘없는 사람들을 노비로 부렸습니다.

우리가 흔히 배우는 원 간섭기에 대한 묘사입니다. 어떤가요? 굴욕적으로 느껴지지 않나요? 한국사에서 원 간섭기는 일제강점기에 비견될 만큼 국가의 자주성을 상실한 시기로 평가

공민왕(재위 1351~1374)과 원나라 노국대장공주의 부부 초상화

됩니다. 그렇다면 원 간섭기는 정말로 굴욕적인 시기였는지 역사를 따져 가며 살펴보겠습니다.

고려와 몽골의 끈질긴 전쟁

세계를 호령하던 몽골제국과 고려는 언제 처음 만났을까요? 13세기 초 몽골의 공격에 쫓기던 거란족이 고려의 영토로 밀려들어옵니다. 고려는 몽골군과 연합해 강동성 전투(1218~1219)에서 거란족을 격파합니다.

이후 몽골은 마치 고려에 큰 은혜를 베푼 듯 행동하며 해마다 무리한 공물을 요구했습니다. 몽골 사신들은 고려 왕에게 예의도 지키지 않았고, 더 좋은 공물을 더 많이 바치라며 윽박지르기도 했습니다. 그러던 1225년, 몽골 사신 저고여가 고려에서 귀국하던 길에 살해당하는 사건이 벌어집니다. 고려에서는 자국민과 무관한 사건이라고 항변했지만, 몽골은 이 사건을 구실로 1231년부터 대규모 군대를 보내 고려를 침략했습니다.

몽골군은 무려 30여 년에 걸쳐 아홉 차례나 고려 땅을 짓밟았어요. 가장 피해가 컸던 6차 침입 때에는 자그마치 20만 명이 넘는 고려 사람이 몽골에 끌려갔다고 합니다. 죽은 사람의 수는 헤아릴 수도 없었고요. 철주성 전투 때는 성이 함락될 위기에 처하자 결국 병사들이 여자와 어린아이 들이 있는 창고에 불을 지른 뒤 모두 자결하는 일도 있었습니다. 몽골군은 신라 때 세워진 황룡사 9층 목탑 같은 오랜 문화유산도 불태워 파괴했습니다.

끝이 보이지 않는 전쟁으로 사람들은 점점 지쳐 갔습니다. 그런데도 당시 권력자 최우는 개경에서 강화도로 수도를 옮기면서까지 몽골군에 계속 저항하고자 했습니다. 《고려사》에 따르면 사람들은 강화도로 이주하고 싶지 않았으나 최우가 무서워 아무도 불만을 말하지 못했다고 합니다. 지배층과 고려의 주력군이 강화도로 들어간 사이, 육지에 남은 사람들은 몽골군의 위협에 노출되었고, 피난민 중에는 몽골군에 투항하는 사람도 있었습니다.

강화도의 지배층은 부처의 힘으로라도 외적을 물리치겠다며 '재조대장경(팔만대장경)'을 만드는 일에 뛰어들었습니다. 하지만 백성들은 어마어마한 양의 대장경을 만드는 일이 달갑지 않았나 봅니다. 《고려사》에는 "부처를 섬기는데 너무 귀찮게 하여 온 고을이 이를 싫어하고 고통스럽게 여겼다"라는 기록이 실려 있어요. 비록 재조대장경이 고려의 뛰어난 목판 인쇄 기술과 불교 문화를 말해 주는 유산일지라도, 당시 사람들에겐 대장경을 만드는 일이 각자의 처지에 따라 다른 의미로 다가왔을 것입니다.

원 간섭기는 어떻게 시작되었을까요?

몽골과의 전쟁을 주도하던 최씨 정권은 끝내 무너지고 말았습니다. 30여 년간 이어진 전쟁에 지쳐 국왕과 문신, 일부 무신 세력이 몽골과의 화친을 추진한 것입니다. 몽골은 화친에 두 가지 조건을 내세웠습니다. 고려 왕이 직접 몽골에 와서 항복하라는 것과 고려의 수도를 강화도에서 다시 개경으로 옮기라는 것이었습니다.

당시 늙고 병든 고종을 대신해 태자가 몽골로 향했습니다. 그런데 이때 몽골의 지도자였던 뭉케 칸(khan)이 죽자, 다음 칸(황제)의 자리를 놓고 쿠빌라이와 아리크부카 형제가 경쟁하고 있었습니다. 고려 태자는 고심 끝에 쿠빌라이에게 항복의 뜻을 전했습니다. 그런데 태자가 아리크부카가 아닌 자신에게 항복한 일이 쿠빌라이에게도 도움이 되었던 모양입니다. 그는 "당 태종도 항복시키지 못한 고려가 나에게 항복한 것은 하늘의 뜻이다"⇣라며 기뻐했다고 전해집니다. 결국 쿠빌라이는 아리크부카와의 경쟁에서 이겨 칸이 되었습니다. 태자가 쿠빌라이를 찾아간 것이 결과적으로 시의적절한 선택이었던 셈이죠.

한국사 교과서에서는 고려가 몽골에 항복한 때부터 약 100여 년간을 '원 간섭기'라고 지칭합니다. 고려가 원으로부터 부당한 개입을 받았던 시기라는 것을 강조한 표현이죠. 한편으로 '원 지배기'라고 하지 않은 것을 보면, 고려가 간섭을 받긴 했어도 완전히 지배당하지는 않았다는 점을 알 수 있지요.

⇣ 당나라 태종은 중국 역사에서 훌륭한 황제로 손꼽힌다. 그런 태종도 과거 고구려(고려) 정벌에 실패한 역사가 있다.

원 간섭기, 고려 사람들이 겪은 고통

원의 제후국이 된 고려는 격하된 호칭을 사용해야 했습니다. 죽은 왕의 칭호에도 원에 충성한다는 의미의 '충' 자를 붙였어요. 이뿐만이 아니었습니다. 고려 왕은 원 황제(몽골 칸)의 뜻에 따라 언제든지 교체될 수 있었습니다. 원 황제는 고려 왕이 자신의 마음에 들지 않으면 폐위하고 그 아들을 왕위에 앉혔습니다. 또 아들이 마음에 들지 않으면 그를 끌어내리고 다시 그 아버지를 왕위에 앉혔습니다. 이런 탓에 고려 충렬왕과 그 아들 충선왕은 각각 두 차례씩 왕위에 올랐습니다. 게다가 충혜왕은 원나라 사신에게 폭행당하고 포박되어 원나라에 끌려가기까지 했습니다.⁝

한 나라의 왕이 끌려갈 정도였으니 평민들의 처지는 오죽했을까요? 고려는 원에 많은 공물을 바쳐야 했습니다. 심지어 원은 마치 물건을 약탈하듯 고려 여자들을 공녀로 요구했습니다. 주로 13~16세의 어린 여자들이 공녀로 끌려갔는데, 이들 대부분은 궁중의 시녀나 노비로 살아야 했습니다. 그래서 고려에는 딸을 타국에 보내지 않기 위해 어린 나이에 결혼시키는 조혼

⁝ 충혜왕은 탐욕스럽고 방탕해 백성들의 불만을 샀다. 이에 고려의 신하들이 원에 고려 왕을 바꿔 달라고 요청했고, 결국 충혜왕은 원으로 끌려갔다.

풍습도 생겨났습니다. 《고려사》 '이곡열전'에는 원에 보낼 공녀를 선발하는 과정이 얼마나 처참했는지 알 수 있는 기록이 남아 있습니다.

> 고려 사람들은 딸을 낳으면 바로 숨기고, 드러날까 두려워 이웃에게 알리지 않는다고 합니다. 원나라 사신이 오면 군인과 관리가 집집마다 수색하여 만약 여자를 숨기기라도 하면 이웃을 잡아 가두고 친족까지 잡아들여 나라를 소란케 합니다.… 공녀로 선발된 여자의 부모와 종족은 밤낮으로 울어 곡소리가 끊이지 않고, 떠날 때는 옷자락을 붙잡고 발을 구르며 쓰러지기도 하고 길을 막고 울부짖다가 슬프고 원통하여 우물에 몸을 던져 죽는 자, 목매어 죽는 자, 근심과 걱정으로 기절하는 자와 피눈물을 쏟아 눈이 먼 자도 있습니다.

살아 있는 매도 원나라가 요구한 공물이었습니다. 그러다 보니 고려는 매를 사냥하고 사육하기 위해 '응방'이란 관청까지 설치했습니다. 백성의 생활을 돌보는 데 힘써야 할 국가기관이 원의 무리한 요구를 들어주는 데 동원된 것이죠. 응방은 원에 바칠 물품을 관리한다는 명목으로 세금을 면제받는 특권을 누리는가 하면 많은 토지와 노비를 소유하는 등 그 폐해도 심각했습니다.

일본 원정을 떠난 고려-몽골 연합군이 일본 무사들과 싸우는 모습을 그린 기록화

이 밖에도 원은 일본을 정복하는 데 필요한 군함과 군량, 군대를 요구했고, 고려는 이번에도 응할 수밖에 없었습니다. 몽골과의 오랜 전쟁이 끝났나 했더니, 이번에는 몽골을 위해 전쟁에 동원된 것입니다. 하지만 때마침 불어온 태풍 때문에 고려-몽골 연합군의 일본 정벌은 실패로 돌아갑니다.

특별한 지위를 가졌던 고려 왕실

그렇다면 원 간섭기는 굴욕적인 역사이기만 할까요? 고려는 당시 원 중심의 국제 질서에서 특수한 지위에 있었습니다. 특히 원 황제 쿠빌라이는 고려를 특별하게 대우했습니다. 그는 다음과 같은 조건으로 고려와 강화(1259)를 맺어 줍니다.

1. 고려의 풍속을 바꾸지 않는다.
2. 조정에서 공식적으로 파견한 사신만 고려에 가고, 다른 세력의 사신은 금지한다.
3. 개경 환도(수도를 다시 옮기는 일)는 고려가 국력을 회복한 뒤에 한다.
4. 몽골군은 가을을 기한으로 모두 압록강 밖으로 철군한다.
5. 설치했던 다루가치(고려 점령지를 다스리던 몽골 관리)는 모두 돌아오게 한다.

이처럼 고려 왕실은 원 제국에 항복했음에도 왕의 지위를 유지하고 자치권을 인정받을 수 있었습니다. 또 고려의 고유한 풍습도 보존할 수 있었어요. 비록 원의 제후국으로 지위가 낮아졌지만, 당시 원에 정복당한 다른 나라들보다 더 나은 조건으로 화친을 맺었던 것입니다.

원종은 오히려 왕권을 강화하기 위해 원을 이용하기도 합니다. 개경 환도를 추진하는 과정에서 무신 세력이 반발하자, 원나라 군대의 도움을 받아 무신 세력을 제거해 버린 것이지요. 이로써 100년간 이어진 무신 정권이 끝나고 개경 환도(1270)를 완수하게 됩니다. 이후로도 삼별초를 중심으로 원과 고려 왕실에 저항하지만, 그들의 반란은 고려와 원 연합군에 의해 진압됩니다.

고려 왕실과 원 황족 간 혼인에도 원종의 정치적 계산이 깔려 있었습니다. 원종은 왕권을 안정시키기 위해 쿠빌라이 칸에게 원 황족과 고려 세자의 혼인을 부탁했습니다. 원 황족이 고려 왕실의 외척이 되면 무신 세력이나 원 사신들이 고려 왕을 함부로 대할 수 없을 거라고 생각했기 때문이에요. 쿠빌라이 칸이 원종의 요구를 받아들이면서 원 공주와 고려 왕자가 결혼하는 전통이 생겼습니다. 고려 왕이 원나라 황제의 부마(사위)가 된 것이죠. 당시 원 황족이 유력한 몽골인 가문과만 혼인한 것을 고려하면, 이는 매우 이례적인 일이었습니다.

너 나아가 고려 왕은 중요한 일을 결정하는 원 황족의 회의에도 참석하게 되었습니다. 원에서는 황제의 친족들이 모여 '쿠릴타이'라는 회의를 열었는데, 고려 왕은 황제의 사위 자격으로 쿠릴타이에 참석했습니다. 그래서 황제의 자리를 두고 원 황족들 사이에 다툼이 발생하면 고려 왕이 어느 쪽을 지지하느냐가 중요한 문제가 되기도 했습니다. 고려 왕이 세계 제국의 최고위층에 합류하게 된 것입니다.

하지만 이러한 지위가 종종 고려 왕에게 불리할 때도 있었습니다. 원 황실의 일원이 되면서 고려 세자는 원에서 어린 시절을 지내야 했습니다. 이 때문에 국내에서 충분한 지지 기반을 갖기 어려워 즉위하고 나서도 왕권이 불안정했습니다. 그래서 권력을 행사할 때 측근이나 원 황제에게 의존하는 문제가 생겼답니다.

활발한 문화 교류와 신분 이동의 시대

그렇다면 왕실이 아닌 대다수 고려 사람에게 원 간섭기는 어떤 의미였을까요? 몽골에 항복한 이후, 시간이 흐르며 고려 사람들은 원이라는 제국이 만든 환경에 차츰 적응했습니다. 그래서 당시 고려에 살던 사람들은 원에 저항하기보다는 오히려 원의 영향 속에서 어떻게 살아갈지를 고민했습니다.

고려 학자 이승휴가 쓴 《제왕운기》에 그러한 입장이 잘 드러납니다. 《제왕운기》에는 단군 이야기와 함께 원 황제를 칭송하는 내용이 담겨 있습니다. 단군신화를 통해 고려 역사의 독자성을 강조하면서도, 원을 중심으로 하는 세계 질서를 인정한 것입니다.

원 간섭기에는 다양한 이유로 원에서 활동하는 고려 사람이 많았습니다. 앞서 말한 공녀와 환관 등 원에 끌려간 이들의 삶은 대체로 비참했지만, 원 황실에서 출세하는 사람들도 간혹 있었습니다. 공녀 기씨는 원 황제의 눈에 들어 황후의 자리에까지 올랐고, 환관 고룡보와 박부카는 정2품의 높은 관직을 지냈습니다. 이들의 영향으로 원 궁중에는 고려의 옷과 음식, 풍습이 '고려양'이라 불리며 유행하기도 했습니다.

1290년대부터는 고려의 상업이 회복되고 외국과의 무역도 제법 활발해졌습니다. 일본 원정이 끝나고 원의 수탈이 줄어들었기 때문입니다. 원 제국의 교역망을 통해 이슬람 상인과 같은 외국인들이 고려에 찾아오고 고려 사람도 외국으로 향했습니다. 이때 고려 왕실은 응방의 재산을 무역을 위한 자금으로 사용하며 해외 무역에 적극적으로 참여했어요.

활발한 교류 속에서 고려 사람의 세계관도 넓어졌습니다. 고려 사람들은 거대한 제국을 통해 중국 너머의 서아시아와 유럽, 아프리카에 관한 정보를 접했습니다. 이는 훗날 조선에서 '혼일강리역대국도지도' 같은 세계지도를 제작하는 데 영향을 끼쳤습니다. 또한 원을 통해 전해진 서아시아 지역의 천문학 지식은 달력을 정교화하는 데 도움을 주었습니다.

한편 원에서 새로운 벼 품종이 도입되고 농사 기술이 전해졌습니다. 이는 고려의 농업 생산력 향상에 도움을 주었습니다. 그리고 원과의 교역으로 고려 사람들은 목면 옷감을 사용하게 되었습니다. 1363년 문익점은 원에 갔다 돌아올 때 몰래 목화씨를 가져와 재배했고, 목면 옷감을 자체 생산하는 데 성공합니다. 이로써 고려 사람의 의생활 수준이 한층 높아졌어요.

학문 분야에서도 교류가 활발했습니다. 고려의 유학자들은 원으로 건너가 성리학을 공부했습니다. 그중에는 이제현과 이색처럼 원의 과거 시험에 합격해 원나라 관리를 지낸 사람들도 있었습니다. 이들은 나중에 고려로 돌아와 사람들에게 성리학을 가르쳤습니다. 이들에게 배운 제자들은 도덕적인 삶을 추구하는 성리학을 내면화하고 부정부패를 비판하면서 고려의 개혁을 요구하는 신진사대부 세력으로 성장했답니다.

이 같은 문화 교류의 과정에서 고려에는 몽골의 음식, 의복, 머리 모양 등의 풍속이 '몽골풍'이란 이름으로 유행했어요. 말을 타기 편한 몽골식 옷이 전해져, 훗날 조선시대 군복에 활용되었습니다. 몽골인의 육식 문화도 고려에 전파되었습니다. 아라비아 지역에서 만들던 술인 소주 또한 이 시기 몽골을 통해 전래했습니다. 당시 몽골군이 주둔했던 안동이 전통 소주의 고장으로 유명해진 이유입니다.

대외 교류가 활발해지면서 외국어 통역에 능한 사람들이 필요해졌습니다. 고려 정부는 《노걸대》, 《박통사》⁝ 와 같은 외국어 학습 교재를 출판해 사람들이 외국어를 공부할 수 있도록 지원

⁝ 《노걸대》는 장사에 필요한 외국어, 《박통사》는 일상생활에 필요한 외국어를 주로 다룬 학습 교재이다.

했습니다. 이러한 사회 분위기 속에서 낮은 신분 출신임에도 몽골어를 잘해 높은 지위까지 오른 인물들도 등장했답니다.

신분이 낮은 사람들이 출세한 사례는 이뿐만이 아니었습니다. 원 간섭기에는 평민, 천민, 상인, 승려, 지방민, 외국인 등 다양한 출신의 사람들이 높은 지위에 오르곤 했습니다. 이들은 원나라를 위한 전쟁에서 공을 세우거나, 장사와 불교 강의 등 자신의 전문 분야에서 활약하거나, 원에서 생활하던 고려 국왕 혹은 원 황실의 측근이 되는 등의 방법으로 기회를 잡아 신분 상승을 꾀했습니다. 그러나 이들은 출세한 후 권문세족이 되어 대농장을 운영하고 남의 땅을 빼앗거나 함부로 양민을 노비로 삼는 등 문제를 일으키기도 했습니다. 원 간섭기에는 누구나 출세할 수 있는 기회가 열려 있었지만, 그것이 평등한 사회 체제를 만드는 데까지는 이르지 못한 것입니다.

원 간섭기 100년은 고려 사람들에게 어떤 시간이었을까요?

최근까지 원 간섭기는 일제강점기와 비슷한 이미지로 인식되었습니다. 몽골의 침략에 맞서 30여 년간 저항하던 고려 사람들이 결국 항복을 선언하고, 이후부터는 원의 간섭을 받은 굴욕의 시기라는 것이죠. 이 시기 고려 왕은 원 황제의 허수아비로 전락하고, 권문세족은 권력을 이용해 횡포를 부리며, 하층민은 공물을 바치고 공녀로 끌려가느라 고통받았다는 이미지로 그려졌습니다.

물론 당대 고려 사람들이 겪었던 고통은 부정할 수 없는 아픈 역사입니다. 하지만 원 간섭기 100여 년의 역사를 하나의 이미지로만 볼 수는 없습니다. 고려 왕은 원 황실의 간섭을 받았지만, 황제의 사위라는 지위 덕분에 원 황실에서 영향력을 행사할 수 있었습니다. 때론 부당한 간섭을 받았지만 원과의 관계를 적극적으로 이용하기도 했으니까요. 타국과의 교류로 다양한 문화가 범람한 시기이기도 했어요.

자, 이제 여러분에게 묻겠습니다. 원 간섭기는 굴욕의 시기이기만 했을까요? 그 100여 년은 고려 사람들에게 어떤 의미를 갖는 시간이었을까요?

너의 생각을 들려줘

굴욕의 시기라고만 볼 수는 없다. 고려는 30여 년에 걸쳐 몽골에 적극적으로 저항했고, 항복할 때도 쿠빌라이 칸을 선택함으로써 당시로서는 나름의 최선을 다했다. 또한 당시 원나라에 완전히 지배당하지 않고 왕이라는 칭호를 사용하고, 세금도 별도로 걷을 수 있었던 나라는 고려뿐이었다. 그렇기에 이 시기를 굴욕의 시기로만 보는 것은 적절하지 않다고 생각한다.

굴욕의 시대로 기억해야 한다고 생각한다. 평범하고 힘없는 사람들이 너무 많은 피해를 입었기 때문이다. 공녀에 대한 《고려사》의 기록을 보면서 '일본군 위안부' 할머니들이 생각나 마음이 아팠다. 만약 내가 그 시대에 태어났다면 나나 우리 가족도 물건처럼 취급되어 원나라에 보내지거나 전쟁에 강제 동원되었을지도 모른다. 국가가 완전히 지배를 받지 않았다 해서 평범한 사람들이 입은 피해를 정당화할 수는 없다.

굴욕의 시기라는 표현만으로는 원 간섭기를 온전히 설명할 수 없다고 생각한다. 30년간의 대몽항쟁부터 원 간섭기 100년까지 고려인들이 고통과 피해를 겪은 것은 사실이다. 하지만 그게 전부는 아니다. 문화 교류가 활발하게 이루어진 시기이기도 하고, 신분이 낮은 사람들에게 출세의 기회가 열린 시기이기도 하다. 고려 사람이 겪은 아픔과 함께 이런 역동적인 모습까지 설명해야 원 간섭기를 정확하게 기억할 수 있지 않을까?

10장

정몽주는 충신, 정도전은 혁명가, 이방원은 명군일까요?

●

14세기 중반 고려를 둘러싼 국제 정세가 급변했습니다. 중국에서는 몽골족이 세운 원나라가 쫓겨나고 한족이 세운 명나라가 정권을 잡았습니다. 명나라가 고려에 무리한 공물을 요구하고 철령 이북의 땅을 차지하겠다고 통보하면서 고려와 명은 긴장 관계에 놓입니다. 결국 고려는 명의 요동 지방을 공격하기로 계획합니다.
그런데 1388년 요동을 정벌하기 위해 진군한 이성계가 압록강에 있는 섬 위화도에서 군대를 돌리는 사건이 발생합니다. 이성계의 군대는 고려의 수도 개경을 공격해 당시 고려 왕이었던 우왕을 폐위했습니다. 이 일로 이성계와 그를 따르는 세력이 권력을 차지합니다. 1392년, 마침내 이성계가 왕위에 오르면서 고려가 멸망하고 조선 왕조가 시작되었습니다.

역사 속 인물을 어떻게 기억해야 할까요?

14세기 말부터 15세기 초에 이르는 여말선초(고려 말~조선 초)는 역사적 격동기였습니다. 한 나라가 망하고 새로운 나라가 세워진 만큼, 정치 상황이 빠르게 변화하고 많은 사건이 발생했어요. 그 과정에서 여러 인물의 각기 다른 선택과 행동도 돋보였답니다. 그래서 이 시기 주역들은 오랫동안 사람들 입에 오르내렸고 현재까지도 드라마나 영화의 단골 소재입니다.

그중에서도 조선 건국 과정을 이야기할 때 자주 언급되는 인물이 정몽주, 정도전, 이방원입니다. 이들은 시간이 흐르면서 점차 다른 평가를 받아 왔고, 드라마나 영화 등 미디어에서도 조금씩 다른 모습으로 그려졌습니다. 그런데 역사적 인물에 대한 평가가 변하는 이유는 무엇일까요? 또 우리는 어떤 관점으로 세 인물을 바라봐야 할까요?

우리가 흔히 아는 이야기: <하여가>와 <단심가>

1388년, 위화도 회군으로 왕을 폐위시킨 이성계가 고려의 권력을 장악합니다. 실권을 잡은 이성계는 신진사대부의 지지를 받았습니다. 신진사대부는 고려 말 원나라에서 유입된 성리학을 받아들이며 성장한 세력이었습니다. 신진사대부에는 정몽주, 정도전 같은 인물들이 있었는데, 이들은 고려 사회를 개혁해야 한다고 주장했어요.

그중 정몽주는 뛰어난 학식과 인품으로 많은 사람의 존경을 받았습니다. 당대 최고의 학자였던 이색은 정몽주를 고려 성리학의 창시자라고 평가하며 칭찬을 아끼지 않았습니다. 정몽주는 뛰어난 외교가이기도 했습니다. 고려와 명나라의 사이가 좋지 않던 때에 명나라 사신으로 가서 유배되었던 고려 사람들을 귀국시키고, 명에 대한 고려의 조공을 면제받은 일도 있었습니다.

정몽주는 친명 정책과 국왕 교체에 찬성하며 이성계와 뜻을 함께했습니다. 하지만 이성계 세력이 자신들과 의견이 다른 반대파를 몰아내면서 새 나라를 세우려는 움직임을 보이자 이 두 사람은 서로 갈라서기 시작했어요. 어느 날 이성계가 사냥하다가 말에서 떨어져 다치자, 정몽주는 이를 기회 삼아 정도전과 조준 등 이성계의 측근들을 관직에서 쫓아냅니다. 이성계 세력에게는 정치적 위기가 된 사건이었죠.

하지만 누구도 정몽주에게 선뜻 대항하지 못했습니다. 정몽주는 존경받는 성리학자였고 이성계 역시 정몽주의 능력을 높이 사며 아꼈기 때문이에요. 이때 이성계의 다섯 번째 아들 이방원이 나섭니다. 그는 정몽주의 마음을 떠보기 위해 〈하여가〉라는 시를 지어 불렀다고 해요.

> 이런들 어떠하며 저런들 어떠하리
> 만수산 드렁칡이 얽어진들 어떠하리
> 우리도 이같이 얽혀 백 년까지 누리리라.

〈하여가〉에는 이것저것 생각하지 말고, 이성계와 손을 잡아 평생 부귀를 누리자는 이방원의 제안이 담겨 있어요. 이에 정몽주는 〈단심가〉를 지어 답했다고 하지요.

> 이 몸이 죽고 또 죽어 백 번이나 다시 죽어
> 백골이 흙과 먼지가 되어 넋이야 있건 없건
> 임금님께 바치는 충성심이야 변할 리가 있으랴.

끝까지 고려를 지켜내겠다는 정몽주의 굳은 의지가 느껴지지요?

이방원은 정몽주를 설득하는 것이 어렵다고 판단해 개경의 선죽교에서 그를 살해합니다. 정몽주가 제거되자 이성계 일파에 대항할 세력도 사라졌습니다. 결국 1392년 7월 이성계가 왕위에 오르면서 왕씨의 고려가 끝나게 됩니다. 왕위에 오른 태조 이성계는 1393년, 명나라에 새 국호에 대한 의견을 묻고 나라 이름을 '조선'으로 바꾸었습니다.

우리가 흔히 아는 이야기: 왕자의 난

정도전은 조선 초기의 체제를 정비하는 데 큰 공을 세운 인물입니다. 그는 성리학에서 중시하는 가치들을 담아 경복궁(큰 복을 누린다), 숭례문(예의를 숭상한다) 등 건축물의 이름을 지었습니다. 또한 《조선경국전》에서 국왕과 재상의 역할을 설명했습니다. 군주는 덕을 기르고 꾸준히 공부하여 인재를 가려 쓸 수 있는 사람이어야 한다고 했어요. 그러나 행정 실무에까지 국왕이 개입하기보다는, 현명한 재상이 관리들을 통솔하면서 실무를 맡아야 한다고 주장했습니다. 능력이 부족한 국왕이 권세가들에게 휘둘리는 상황을 막기 위해서였어요. 고려 말과 같은 상황이 반복되면 안 되니까요.

그러나 정도전은 세자를 정하는 문제와 사병 문제를 두고 당시 왕자였던 이방원의 불만을 샀습니다. 이방원은 정치적 야심이 컸습니다. 형제 중에 유일하게 고려의 과거 시험에 합격해 관리를 지냈으며, 아버지가 왕이 되는 데 걸림돌이 되었던 정몽주를 직접 나서서 제거한 인물이었지요. 이방원은 아버지 태조가 배다른 막냇동생 이방석을 세자로 낙점하고 정도전이 이에 동조한 데에 불만을 품었습니다.

한편 명은 조선에 대한 경계를 풀지 않았습니다. 비록 이성계의 위화도 회군으로 실행되지는 못했지만 고려 때 한 차례 요동 정벌을 시도한 셈이니까요. 명은 당시 조선의 군권을 책임지고 있던 정도전을 의심했습니다. 정도전이 쓴 외교문서를 트집 잡아 그를 명으로 보내라고 요구하기도 했어요. 조선은 이를 거부했지만, 정도전은 전쟁에 대비해 모든 군권을 국왕에게 집중시키고 왕자와 관리들이 병사를 소유할 수 없게 하자고 건의했습니다. 또한 국가의 병사들을 모아 전투 훈련을 시키기도 했어요.

하지만 이방원의 생각은 달랐습니다. 이방원은 정도전이 군사 훈련을 핑계로 반역을 모의했다고 주장합니다. 정도전과 그 일당이 왕자들이 거느린 병력을 빼앗은 뒤, 이방석이 세자가 된 것에 불만을 품은 왕자들을 제거할 계획을 세웠다는 것이었어요.

1398년 10월, 이방원은 정도전의 계획을 막는다는 명분으로 군대를 동원해 정도전을 살해합니다. 이어서 배다른 동생인 세자 이방석과 그의 형 이방번도 죽였습니다. 그리고 둘째 형 이방과를 세자로 앉힌 뒤, 아버지 태조가 이방과에게 왕위를 넘기도록 했어요. 이 모든 과정은 겨우 20여 일 만에 끝났습니다. 이 사건은 오늘날 제1차 '왕자의 난'이라고 불립니다. 이방원은 이후 다른 형제들을 물리치고 형 이방과에게 왕위를 물려받아 조선의 제3대 왕, 태종으로 즉위했습니다.

여기까지가 우리가 흔히 아는 여말선초의 이야기입니다. 정몽주는 조선의 건국에 반대하다가 이방원에게 목숨을 잃었고, 정도전은 조선의 기초를 세웠지만 뜻을 달리했던 이방원에게 죽임을 당했습니다.

정몽주는 어떻게 충신의 상징이 되었을까요?

조선 왕조 초기에 정몽주는 부정적으로 평가되었습니다. 조선을 세우는 데 공을 세운 조준은 "간신 정몽주가 태조를 죽이려다 처형당했다"라고 표현할 정도였어요. 한 관리가 정몽주의 죽음을 안타까워했다가 다른 신하들에게 비판받는 일도 있었습니다.

그런데 정몽주에 관한 부정적 인식은 이방원이 태종으로 즉위하면서 서서히 사라지게 됩니다. 신하 권근이 태종에게 나라를 다스릴 방법을 건의하면서 충신을 예우하라고 간언했기 때문입니다. 권근은 나라를 창업할 때는 반대하는 이에게 벌주는 게 당연하지만, 이미 나라를 세워 오래 유지하고자 할 때는 절개와 의리를 지킨 자를 표창하는 것이 사람들에게 모범이 될 것이라고 주장했습니다. 고려 말 정몽주는 고려 왕조가 기울고 이성계가 민심을 얻고 있다는 걸 알았지만, 섬기던 왕조를 바꾸지 않아 목숨을 잃었으니 본받을 만하다는 것이었어요.

태종은 정몽주 살해를 지시한 장본인이었지만 권근의 간언을 받아들여 정몽주의 명예를 회복시켜 주었습니다. 세종도 정몽주를 충신으로 예우했습니다. 그는 충신을 모아 놓은 그림인 '충신도'에 정몽주를 포함하라고 지시했습니다. 이후 정몽주의 이야기는 조선시대 백성들의 교화를 위해 펴낸 책들에 여러 차례 포함되었습니다.

이때부터 정몽주는 점차 충신으로 인정받았지만, 태종 대에 편찬된 《태조실록》과 세종 대에 편찬된 《용비어천가》에는 정몽주를 반역 죄인으로 보는 시각이 여전히 남아 있었습니다. 그런데 16세기에 들어서면서 정몽주는 높은 평가를 받게 됩니다. 1517년 중종 때 정몽주는 문묘의 제사 대상으로 올라갔습니다. 문묘는 국가가 운영한 사당으로 공자와 함께 훌륭하다고 여겨지는 성리학자들을 모시던 곳이지요. 여기에 정몽주가 포함된 것은 국가가 그를 본받을 만한 사람이라고 공식적으로 인정했기 때문입니다. 중종은 "정몽주는 태조에 해를 입혔으니 나라의 원수와 같았지만, 지금은 이 사람을 추켜세워야 나라의 규범을 바로 세울 수 있다"라고 말했습니다.

정몽주 이야기는 일반 백성에게도 널리 알려졌습니다. 그런데 이 과정에서 그의 이야기는 점차 과장됩니다. 대표적으로 이방원의 〈하여가〉와 정몽주의 〈단심가〉는 조선시대에 창작된 것으로 추정됩니다. 이 시들은 1617년 출간된 책에서 처음 발견되기 때문입니다. 1617년이라면 정몽주가 죽은 지 225년이나 지난 뒤이지요.

선죽교에 얽힌 전설도 마찬가지입니다. 선죽교는 정몽주가 충절을 지키다 살해당한 장소로 잘 알려져 있어요. 정몽주가 이방원이 보낸 자객들의 쇠몽둥이에 맞아 죽은 뒤, 그 자리에 대나무가 자라나 그의 충절을 기렸다는 전설이 전해집니다. 그때 흘린 피가 선죽교 돌에 붉은 반점으로 남아 있다는 이야기도 있어요. 정몽주가 죽은 지 무려 555년 뒤인 1947년, 독립운

경상북도 영천의 임고서원 앞에 놓인 선죽교. 임고서원은 명종 8년(1553)에 정몽주의 충절을 기릴 목적으로 세워졌다. 임고서원 선죽교는 영천시에서 2006~2012년 임고서원 성역화 사업의 일환으로 개성에 있는 선죽교를 실측해 재현한 것이다.

동가 김구가 선죽교에 남아 있던 핏자국을 보고 "충신이 나라의 위기를 맞아 죽지 않고 또 무얼 하겠나?"라고 말했다고도 하죠. 선죽교는 18세기 영조가 직접 방문해 정몽주를 기리는 비석을 세움으로써 정몽주가 살해당한 장소로 국가에 의해 공식 인정받았습니다.

하지만 최근 역사가들은 정몽주가 죽은 장소가 선죽교가 아닐 수도 있다고 주장합니다. 고려 후기 기록에서는 정몽주가 죽임을 당한 장소로 언급되지 않던 '선죽교'라는 이름이 16세기에 와서야 선비들이 쓴 글에 나타나기 때문입니다. 선죽교의 붉은 핏자국 이야기도 뒤늦게 기록된 것이에요.

이렇듯 정몽주는 조선 건국에 반대했지만, 조선에서 숭배받는 인물이 되었습니다. 그리고 그의 충성과 의리는 점점 극적인 이야기로 과장되었습니다.

이런 정몽주의 이미지는 오늘날에도 이어집니다. 19세기 소설《선죽교》는 정몽주에 관한 신화 같은 이야기들을 담고 있습니다. 이후 출간된 정몽주 위인전들은 이 책의 내용을 바탕으로 만들어졌다고 합니다. 그 덕에 정몽주는 충성과 의리의 상징으로 계속해서 기억되었고, 다른 가치로는 해석하기 어려운 인물이 되었습니다.

개국공신에서 역적, 혁명가까지 정도전을 보는 세 가지 관점

정도전은 조선 건국의 일등 공신입니다. 그는 일찍이 이성계가 장수였던 때부터 위화도 회군, 조선 건국에 이르기까지 이성계와 뜻을 함께했습니다. 그리고 조선이 건국된 후에는 법체계를 만들고, 한양(서울) 건설에 참여하는 등 국가를 설계하는 데 큰 영향을 끼쳤습니다.

그런데 이방원의 즉위 이후 충신으로 기억된 정몽주와 달리 정도전은 간신이자 역적으로 내몰렸습니다. 태종은 자신이 군대를 일으킨 이유가 정도전 일당이 먼저 왕자들을 해치려 했기 때문이라고 했습니다. 후대에 왕자의 난으로 알려진 이 사건을 두고 태종과 그 측근들은 '정도전의 난'이라고 불렀답니다. 이때 정도전과 그 아들들이 죽임을 당하지요.

태종 대에 정도전이 어떻게 평가받았는지는 당시 편찬된 《태조실록》을 보면 짐작할 수 있습니다. 정도전을 두고 "도량이 좁고 시기가 많았으며… 자신보다 나은 사람들을 해쳐서 그 묵은 감정을 보복하고자 하여…"라고 함으로써 그의 인격을 폄하하고 있지요. 또한 정도전의 외할머니가 노비의 자손이라는 사실을 기록해서 그의 출신을 깎아내렸습니다.

태종은 왕위에 오른 지 16년이 되던 1416년에 정도전의 자손이 관직에 오를 수 있도록 허용합니다. 하지만 정도전에 대해서만큼은 간신과 역적이라는 평가를 번복하지 않았어요. 그래서 정도전의 자손들은 관리가 될 수 있었지만, 정도전의 이름만큼은 간신으로 남았습니다.

조선 후기에 가서야 이런 분위기가 서서히 바뀝니다. 영조 때 이긍익이 쓴 역사서《연려실기술》에는 정도전에 관한 긍정적 일화들이 담겼습니다. 어느 날 정도전이 신발을 짝짝이로 신었다고 합니다. 주변 사람이 이를 말해 주니 정도전은 웃으면서 하인에게 이렇게 말했답니다. "내가 말을 탈 때 왼쪽에서 보는 사람은 흰 신발만 볼 것이고, 오른쪽에서 보는 사람은 검은 신발만 볼 것이니, 걱정할 게 없다." 이 일화는 겉치레를 하지 않는 정도전의 성품을 보여 주는 사례로 소개되었어요. 또《연려실기술》은 정도전이 "문학을 잘하므로 명성이 있고… 문집이 있어 세상에 퍼지고 있다"라며 긍정적으로 평가했답니다.

마침내 정도전은 1865년(고종 2)에 죄인의 오명을 벗고 명예를 회복하게 됩니다. 당시 흥선대원군은 왕실의 위엄을 높이기 위해 임진왜란 때 불타 없어진 경복궁을 재건했습니다. 이때 옛 경복궁 건물들의 이름을 지었던 정도전의 공을 인정해, 그의 명예를 공식적으로 회복시켜 준 것이지요.

정도전의 이미지는 광복 이후 긍정적으로 변화하게 됩니다. 1960~1970년대에 역사가들은 일제강점기에 형성되었던 조선에 대한 부정적인 역사 인식을 극복하기 위해 노력했습니다. 그 과정에서 정도전에 대한 새로운 평가가 이루어졌습니다. 몇몇 역사가들은 정도전이 마냥 중국에 사대한 것이 아니라, 때에 따라 요동 정벌을 주장할 정도로 주체적이었다고 보았어요. 또한 정도전이 고려 말 토지개혁으로 권세가의 땅을 백성들에게 나눠주려 했던 점,《조선경국전》에서 현명한 신하가 재상이 되어 국가 운영을 총괄해야 한다고 설명한 점 등을 근거로, 조선이 민생을 중심으로 설계된 나라라고 여겼어요.

이 같은 정도전에 대한 재평가를 바탕으로 최근 책이나 드라마에서는 정도전을 역적이 아니라 백성을 위한 나라를 세우기 위해 큰 뜻을 품었다가 죽음을 맞이한 비운의 혁명가로 그리곤 한답니다.

이방원은 어떻게 기억되어 왔을까요?

이방원은 왕위에 오르기까지 여러 차례 잔인하고 냉혹한 면모를 보여 주었습니다. 정몽주와 정도전, 세자 이방석까지 죽인 이방원은 여기서 멈추지 않고 제2차 왕자의 난(1400)을 일으킵니다. 이때 그는 왕위 계승을 놓고 경쟁하던 넷째 형 이방간을 제압했어요. 이어 왕위를 차지한 후에도 이방원은 권력에 위협이 되는 외척 세력을 가차 없이 제거해 나갔습니다. 왕비 민씨의 형제들을 유배 보내 죽게 하고 며느리 심씨 가문을 몰락시켰답니다.

도를 넘은 이방원의 만행은 아버지 이성계의 반발을 샀습니다. 정몽주가 죽임을 당했을 때도 이성계는 세상 사람들에게 자신을 욕보이는 불효를 저질렀다며 이방원을 꾸짖었습니다. 당시 사람들이 정몽주의 죽음을 안타까워하고 이성계를 사건의 배후로 여겼음을 짐작할 수 있습니다.

태조는 왕위에서 물러난 후에도 태종에게 순순히 협조하지 않고 자주 궁을 비웠습니다. 아버지가 곁을 떠나니 태종의 체면이 살지 않았겠지요? 한번은 태조가 소요산에 오래 머물자, 태종이 직접 찾아가 불경을 꼭 산에서 읽어야 하냐며 궁으로 돌아와 달라고 요청했어요. 이에 태조는 자신이 부처를 좋아하는 것은 오직 죽은 두 아들 이방번과 이방석이 생각나기 때문이라고 크게 외쳤다고 해요. 신하들이 지켜보는 앞에서 태종을 나무란 것이었어요. 태조마저 두둔하지 않은 태종의 행적은 당시 어떤 평가를 받았을까요?

한편 태종은 자신의 이미지를 바꿔 나가는 일에 착수했습니다. 그는 정몽주 살해 사건을 변명하며 "처음에는 다만 살려는 것이었을 뿐이지, 어찌 감히 왕위를 바라는 마음이 털끝만큼도 있었겠는가?"라고 말합니다. 왕자의 난에 관해서도 "정도전 등이 세자(이방석)를 감싸고 다른 왕자들을 해치려 했으나, 다행히 하늘이 도와서 난을 일으킨 신하들이 참형당했다"라고 이야기합니다. 군대를 일으킨 것은 본인인데, 마치 정도전이 난을 일으킨 것처럼 설명하고 있습니다.

자신에게 위협이 되는 세력을 여러 차례 제거한 태종은 강력해진 왕권을 바탕으로 조선의 제도를 정비했습니다. 그는 의정부와 6조로 구성된 중앙 정치 제도를 마련하고, 전국을 8도로 나누어 지방 제도를 개편했습니다. 또한 백성들이 억울한 일을 당했을 때 호소할 수 있도록 '신문고'라는 북을 설치했습니다. 태종 10년(1410)에는 죄인들을 사면하고 감옥에서 풀어 주면서 새로운 정치를 펼치겠다고 선포했습니다. 이후 태종은 반대파를 숙청하기보다는 신하들의 공론을 듣는 정치를 펼치고자 노력합니다.

태종의 뒤를 이은 세종은 아버지를 명군(名君)의 반열에 올려놓습니다. 이방원은 태종(太宗)이라는 묘호를 받았습니다. 태종은 태조에 버금가는 업적을 세운 군주에게 붙이는 칭호였어요. 또한 세종은《용비어천가》[⁝]를 지어 태종을 포함한 6대 조상들의 업적을 칭송합니다. 당시 신하들은 태종을 '어버이에게 효도하고 형을 공경하니 덕이 더 높을 수 없고, 나라를 세우고 안정

⁝ 조선을 건국한 이성계, 이방원과 그 조상들을 용이 하늘을 나는 이야기에 빗대어 찬양한 책이다. 조선 건국의 정당성을 드러내려는 의도로 발행했다.

시키니 공이 더 클 수 없다'고 평가하기도 했어요. 아버지 태조와의 갈등, 정적들을 제거했던 잔혹함 등은 감추어졌습니다. 그렇게 태종 이방원은 조선 왕조 내내 훌륭한 임금으로 칭송받게 됩니다. 그의 자손들이 줄줄이 왕이 되었으니 부정적인 평가가 기록되기 어려웠을 거예요.

파란만장한 삶을 산 이방원은 오늘날 드라마와 영화에서 다양한 이미지로 변주된 인물이기도 합니다. 이방원에 대한 연출은 나라의 발전을 위해 악인을 자처한 위인에서, 권력을 위해 수단과 방법을 가리지 않은 야욕가로, 최근에는 결단력과 빠른 실행력을 갖춘 지도자로 변화해 왔습니다.

드라마 〈추동궁 마마〉(1983)에서는 이방원이 사람을 죽인 것이 대의를 위한 행동인 것처럼 묘사되었습니다. 그런데 문제는 이 드라마가 전두환이 군사 반란으로 권력을 쥐고 광주민주화운동에 대한 폭력 진압을 하던 시대에 방영되었다는 것입니다. 훗날 작가는 작품을 쓸 당시에 정권의 외압이 있었다고 고백했어요. 반면 민주화 이후에 방영된 드라마들에서는 이방원이 반대 세력을 제거한 이유를 권력욕에서 비롯한 것으로 묘사하고 있습니다. 최근에는 이방원의 정치적 역량에 주목한 작품도 나오고 있습니다.

이처럼 동일한 역사적 인물이라도 시대적 환경과 바라보는 이의 의도에 따라 다르게 기억된다는 사실을 알 수 있습니다. 이방원은 앞으로 또 어떻게 기억될까요?

역사, 기억을 만들어 가는 과정

지금까지 여말선초 시기 정몽주와 정도전, 이방원을 둘러싼 이야기들과 그들이 기억되어 온 방식을 살펴보았습니다.

정몽주는 한때 친명 정책과 고려 왕 폐위에 찬성하며 이성계 세력과 뜻을 같이했습니다. 하지만 이후 새 왕조 건국을 두고 서로 갈라섰고 끝내 이방원에게 죽임을 당했습니다. 그런데 간신으로 비난받았던 정몽주의 이야기는 조선이 안정된 후, 국왕에게 충성을 다한 모범적인 사례로 재구성되었습니다. 〈단심가〉와 선죽교 이야기가 더해지면서 정몽주는 오늘날까지도 충성과 의리의 상징으로 기억되고 있습니다.

정도전은 이성계를 도와 조선을 건국하는 데 큰 공을 세웠으나 이방원에게 제거당하며 조선시대 내내 명예를 실추당했습니다. 그는 조선이 거의 끝나 가던 고종 때에 가서야 오명을 벗었습니다. 이후 정도전이 주장했던 토지개혁, 재상 정치 등의 사상은 일본이 주입한 역사관을 극복하려던 역사가들에게 주목받았습니다. 그 덕분에 정도전은 사람들의 관심을 받으며 시대를 앞서간 혁명가로 그려지곤 했어요. 물론 그 역시 권력을 추구한 정치가였다는 점을 간과해서는 안 되겠지요. 정도전이 주장한 정책들은 급진적이었지만, 그가 바랐던 재상 정치도 왕권을 완전히 제약하는 수준은 아니었다는 사실에도 유의해야 합니다.

이방원은 자신의 권력에 방해가 되는 사람이라면 형제들까지도 마다않고 제거했습니다. 그 과정에서 아버지 태조의 비난을 받기도 했어요. 하지만 왕위에 올라 왕권을 안정화한 후로는 민생을 살피고 신하들의 의견을 귀담아듣기도 했습니다. 또한 권력 쟁탈전에서 끝까지 살아남아 자손들이 연이어 왕위에 오르게 되면서 그의 무자비한 숙청이 정당화될 수 있었지요. 파란만장한 태종의 삶은 오늘날까지도 미디어에서 다양한 캐릭터로 재현되었습니다.

이처럼 정몽주와 정도전, 이방원은 다양한 모습으로 기억되어 왔습니다. 그 과정에서 우리가 익히 알고 있는 이미지는 역사적 사실과 부합하기도 하고 사실과 다르게 과장되기도 했습니다. 시대적 요구와 정치적 목적에 따라 역적에서 충신, 비운의 혁명가로 탈바꿈되었어요. 또한 냉혹한 권력자에서 부모와 형제를 공경하는 명군, 나라를 위해 악역을 자처한 희생양으로 그려지기도 했지요.

그렇다면 우리는 정몽주와 정도전, 이방원을 어떻게 기억하고 평가해야 할까요? 역사적 인물을 평가할 때 유의해야 할 점은 무엇일까요?

너의 생각을 들려줘

과거 인물을 평가할 때, 그 인물뿐만 아니라 평가자의 관점에도 주목해야 한다고 생각한다. 역사는 과거와 현재의 끊임없는 대화라는 말이 있다. 현재 중시되는 가치와 평가자의 관점에 따라, 변함없는 역사적 사실에 대한 평가가 달라질 수 있다는 것이다. 정몽주와 정도전, 이방원의 삶도 그 자체로는 변한 것이 없지만 그 인물들을 평가하는 기준이 변하면서 평가도 달라졌다고 생각한다. 인물을 바라보는 평가자의 시선이 다양하다는 점을 이해하면, 여러 시선을 견주어 보면서 역사를 입체적으로 바라볼 수 있다.

인물을 여러 각도로 조명하는 것은 중요하다. 사람은 다면적인 존재이기 때문이다. 그런데 정몽주와 정도전, 이방원이 역사적으로 어떻게 그려져 왔는지를 보면, 다양한 면모에 주목했다기보다는 특정한 면모만 강조한 것 같다. 특히 정몽주는 충신이면서도 뛰어난 외교가이자 인품과 학식을 두루 갖춘 인물이었다. 그런데 그의 충성심과 신념만 부각되면서 다른 모습은 간과되었다. 만약 정몽주를 충신으로 신화화하지 않았더라면 그의 역량과 인품이 더 알려질 수 있지 않았을까?

역사적 사실에만 근거해서 역사적 인물을 이해해야 한다. 정몽주와 정도전, 이방원의 삶은 사실 그대로 전해지지 않았다. 사람들이 사실을 과장하고 왜곡해서 그들의 이미지를 편집해 왔기 때문이다. 그래서 역사를 공부할 때, 인물의 어떤 면모가 왜 강조되는지, 어떤 인물은 왜 더 많이 다뤄지는지 숨은 의도를 파악해야 할 것 같다. 그래야 만들어진 이미지에 갇히지 않고 인물에 대해 제대로 알 수 있다고 생각한다.

11장

세종은 훌륭한 최고지도자였을까요?

●

세종은 조선의 제4대 임금입니다. 그는 태종의 셋째 아들로 태어났습니다. 태종이 처음부터 세종을 후계자로 생각한 것은 아닙니다. 큰형인 양녕대군이 말썽을 피워 세자에서 폐위되고, 둘째 형 효령대군이 왕위를 양보하면서 세종은 왕으로 즉위할 수 있었습니다.
왕이 된 세종은 훈민정음을 창제하고, 조선의 영토를 북방으로 넓히는 등 정치적 업적을 세웁니다. 또한 측우기와 물시계, 해시계를 만들도록 지시해 조선의 과학기술을 발달시켰습니다. 이런 업적으로 신하들은 세종을 어질고 덕이 뛰어난 임금으로 칭송했습니다.

세종에 대한 평가

세종은 살아 있을 때부터 사람들에게 높이 평가받았습니다. 그는 당대에 이미 '해동의 요순'이라 불렸습니다. '해동'은 중국을 기준으로 바다 동쪽에 있는 나라, 즉 조선을 가리키고, '요순'은 중국의 전설에 나오는 위대한 요임금과 순임금을 말합니다. 《조선왕조실록》은 세종이 죽은 날에 다음과 같이 기록합니다.

> 신하를 예의로 대하고, 간언을 귀담아듣고, 대국(명나라)을 정성으로 섬기고, 이웃 나라를 신의로써 사귀었다. 인륜에 밝고 모든 사물에 해박하니, 남북이 복종하고 나라가 평안하여, 백성이 즐겁게 살아간 지 30여 년이다.

최근까지도 세종은 한국 역사에서 존경받는 인물로 손꼽힙니다. 2019년 갤럽에서 실시한 한국인이 존경하는 인물 조사에서 세종은 이순신에 이어 2위에 오르기도 했어요. 세종'대왕'이라는 칭호에서도 사람들이 세종을 어떻게 생각하는지 짐작할 수 있습니다. 이뿐만이 아닙니다. 만 원권 화폐에는 세종이 그려져 있고, 서울 중심부 광화문 광장에는 세종 동상이 세워져 있지요. 한국 최초의 남극 과학기지는 세종기지이고, 대한민국 정부의 주요 행정 기능을 담당하는 신도시의 이름도 세종특별자치시입니다.

그런데 세종은 어떻게 이렇게 오랫동안 많은 사람에게 긍정적인 평가를 받을 수 있었을까요? 과연 세종에 대한 사람들의 평가는 합당한 것일까요?

백성을 위한 세종의 정책들

세종은 1418년부터 1450년까지 약 32년간 왕위에 있었습니다. 조선 왕들의 평균 재위 기간이 약 19년이었던 것을 고려하면 비교적 오랫동안 왕위를 지켰던 셈이죠. 그런 만큼 세종은 여러 분야에서 많은 업적을 남겼습니다.

훈민정음 창제는 세종의 가장 큰 업적입니다. 당시까지 조선인은 우리말을 사용하면서도 한자를 문자로 썼습니다. 세종은 언어와 문자가 다른 탓에 백성이 글자를 익히지 못하는 현실을 안타까워했습니다. 그는 백성들이 글로 자기 생각을 제대로 표현할 수 있도록 몸소 28개의 글자를 만들었습니다. 비슷한 모양이어도 소리가 제각각인 한자와 달리, 훈민정음은 글자마다 고유한 말소리를 나타낸 문자였어요. 그래서 몇 가지 낱자만 조합하면 원하는 소리의 글자를 쉽게 만들 수 있었습니다.《훈민정음》'해례'(새 글자의 특징과 사용법을 설명한 부분)를 쓴 정인지는 훈민정음이 아주 교묘하게 잘 만들어졌기 때문에 지혜로운 사람은 나절이면 익히고, 어리석은 사람도 열흘 안에 깨우칠 수 있다고 평가할 정도였어요.

세종은 백성을 교화하는 데에도 관심을 기울입니다. 1428년 경상도 진주에서 아들이 아버지를 살해하는 사건이 일어납니다. 이때 세종은 자신의 부덕함을 탓하면서, 신하들에게 효행을 퍼뜨리고 풍속을 바르게 할 책을 펴내 백성들에게 널리 읽히라고 지시합니다. 그렇게 충성과 효도, 절개를 지키는 모범적인 사례들로《삼강행실도》라는 책이 만들어졌습니다. 글을 모르는 백성들이 이해할 수 있도록 책에 그림도 넣었습니다.

세종은 정책을 만들 때 백성들의 의견을 듣고 반영했습니다. 그는 새로운 세금 제도인 '공법'을 도입하기에 앞서 5개월 동안 전국의 여론을 조사했습니다. 무려 17만 명에게 의견을 물은 결과, 공법에 찬성한 사람이 9만여 명, 반대한 이가 7만여 명이었습니다. 세종은 여론조사를 바탕으로 그해 농사의 풍흉(풍년과 흉년)과 땅의 비옥도에 따라 세금을 차등적으로 걷는 공법 제도를 만들었습니다.

또한 세종은 신분이 미천한 사람을 위한 정책도 많이 마련했습니다. 세종은 재판을 오래 끌지 않도록 지시해 피의자가 감옥에 장시간 머물지 않도록 배려했습니다. 또한 감옥을 깨끗이 청소해 주고, 죄수가 병에 걸리면 치료하도록 지시했습니다. 이 밖에도 궁궐과 관청의 노비가 출산하면 3개월의 휴가를 주기도 했습니다.

학문부터 기술까지 다종다양한 업적들

세종은 학문을 중시했습니다. '집현전'이라는 관청을 세워 젊고 유능한 신하들이 학문을 연구하고 정책을 뒷받침하도록 했어요. 세종은 '사가독서제'도 운영했습니다. 이 제도로 관리들은 휴가를 받아 일정 기간 업무를 하지 않고 독서에만 집중할 수 있었습니다.

세종 본인 역시 독서와 공부를 게을리하지 않았습니다. 《세종실록》은 그가 식사할 때도 책을 좌우에 펼쳐 놓았다고 전합니다. 또한 신하들과 함께 책을 읽고 토론하는 '경연'에도 꾸준히 참석했습니다. 경연은 학문을 토론하는 자리일 뿐 아니라 신하들과 소통하고 의견을 나누는 자리였습니다. 임금이 된 해인 1418년 경연에서 세종은 "내가 궁중에서 나고 자랐으므로 백성들의 힘듦을 다 알지 못합니다"라며 여러 사람의 이야기를 듣고 국정을 펼치겠다는 의지를 보이기도 했죠.

세종은 많은 책의 편찬을 지시하기도 했습니다. 그는 우리 땅에 맞는 농사법을 소개한 《농사직설》을 펴냈습니다. 농부들의 경험담을 책에 실어 사람들에게 실질적인 도움을 주려고 했어요. 조선에서 나는 약재를 정리한 《향약집성방》도 세종 대에 간행된 의약서입니다. 세종은 고려시대 역사를 총정리한 《고려사》의 편찬 작업을 지시했는데, 그의 꾸준한 노력 덕에 《고려사》는 세종이 죽고 1년 후에 완성될 수 있었습니다.

세종은 과학기술에도 관심을 보였습니다. 그는 기술자 장영실에게 해시계와 물시계를 만들게 했습니다. 천문을 관측하기 위한 혼천의 제작도 지시합니다. 그리고 천체의 움직임을 관찰한 기록을 토대로, 수학에 능한 이순지에게 중국 달력들을 조선 실정에 맞게 해설한 역법서 《칠정산》을 만들게 했습니다. 비의 양을 측정해 비가 내리는 시기를 파악할 수 있도록 하는 측우기 역시 세종 대에 만들어진 발명품입니다. 달력의 해설서와 시계, 측우기는 모두 농사와 관련된 것으로, 조선의 농업 생산량을 늘리려는 노력의 일환이었습니다. 농사가 사람들의 삶을 좌우했던 조선에서 이러한 세종의 노력은 백성을 위하는 지도자의 모습으로 기억될 만하지 않나요?

세종의 정책으로 백성들이 고통받았다고요?

그렇다면 세종 대는 백성들에게 평화롭고 살기 좋은 시절이기만 했을까요? 세종은 여진족을 공격해 영토를 확장하고 압록강과 두만강 유역에 4군 6진을 설치했습니다. 이 4군과 6진 지역은 날씨가 춥고 사람이 많이 살지 않았습니다. 그래서 정복하는 것만큼이나 정복한 땅을 유지하기도 어려웠어요. 게다가 땅을 빼앗긴 여진족은 국경을 더 자주 침범해 왔습니다. 이에 세종은 경상도와 전라도, 충청도의 일부 주민을 북방으로 이주시키려고 했어요. 그러자 강제 이주를 피하기 위해 자해를 하는 사람도 있었습니다. 강제 이주를 당한 백성들의 삶도 쉽지 않았습니다. 살던 곳을 떠나 생판 모르는 곳에서 산다는 건 아주 힘든 일이었을 겁니다. 춥고 척박한 북방에서는 전염병까지 돌아 많은 사람이 죽어 나갔습니다. 하지만 확장한 영토를 안정적으로 유지하고자 했던 세종은 이주 정책을 무르지 않았습니다.

세종 대에 명나라는 영락제가 황제로 즉위하여 세력을 크게

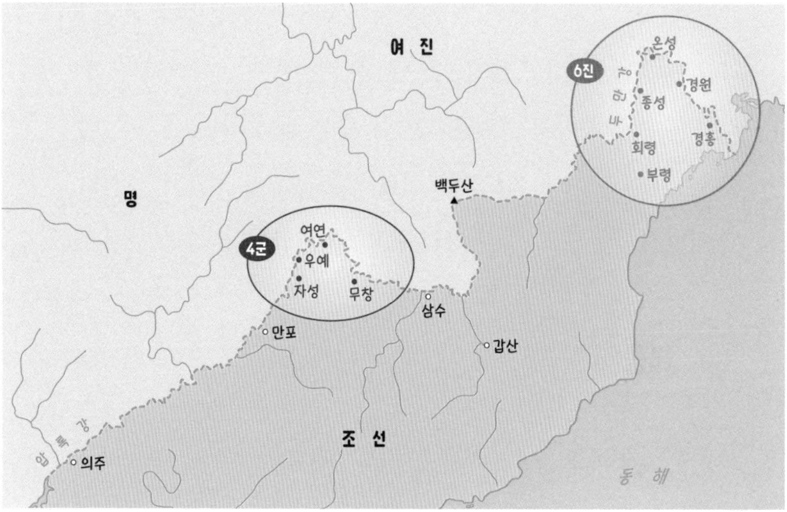

세종은 4군 6진을 설치해 이 지역에 백성들을 강제로 이주시켰다.

확장하고 있었습니다. 세종은 명 황제를 정성스럽게 섬겨 관계를 원만히 하려 노력했습니다. 그러나 명을 향한 사대 정책은 백성들을 힘들게 했습니다. 세종은 명의 사신이 조선에 올 때마다 막대한 공물을 바치고 성대한 잔치를 열었습니다. 이는 백성들에게 큰 부담이었습니다. 또한 명은 조선에 해동청(조선의 매)을 요구했는데, 수많은 백성이 자기 생계를 팽개치고 매를 잡는 일에 동원되는 고통을 겪었습니다. 명의 요구로 군사용 말을 1만 마리나 바치는 일도 있었습니다. 조선의 소년과 젊은 여자들은 명에 환관과 공녀로 가야 했어요.

신하들은 명의 지나친 요구를 다 들어주면 백성들의 고통이 염려된다고 탄원하곤 했지만, 세종은 "백성에게 끼칠 폐해만 생각해 황제에게 바치는 일을 그만둘 수는 없다"라며 완고한 입장을 내비쳤습니다. 이로써 조선과 명은 원만한 관계를 유지할 수 있었지만, 그 대가는 백성들의 고통이었습니다.

세종에게 의외의 모습이 있었다고요?

세종은 가족에게 유독 관대했습니다. 자신에게 왕위를 양보한 큰형 양녕대군이 술을 너무 많이 먹여 사람이 죽는 사건이 벌어졌는데, 세종은 가해자인 형을 처벌하지 않았어요. 또한 자식들에게 많은 권한을 주고 국가의 중요한 일을 맡겼습니다. 큰아들 문종이 왕자이던 시절 화포 제작을 맡겼고, 둘째 아들 수양대군에겐 세금 제도의 개혁을 주도하게 했습니다. 셋째 아들 안평대군은 국가에서 간행하는 책의 출판과 번역을 맡았습니다. 이는 능력 있는 왕자들이 제 실력을 발휘할 기회가 되었지만, 한편으로는 왕자들의 힘이 강해져 나중에 세종의 손자인 단종이 삼촌인 수양대군(세조)에게 왕위를 빼앗기는 배경이 되기도 했습니다.

세종은 능력 있는 인재라면 신분에 구애받지 않고 중용(중요한 자리에 임명함)했습니다. 천민 출신 장영실이 높은 관직에 오를 수 있었던 것도 뛰어난 능력을 인정받았기 때문입니다. 하지만 세종은 아끼는 신하에 대한 관대함이 지나친 나머지 그가 큰 잘못을 저질러도 용서하는 모습을 보이기도 했습니다. 청렴하기로 유명한 정승 황희는 친인척이 저지른 살인 사건을 덮으려다 발각되어 파면되었지만, 일주일 만에 정승으로 복귀해 세종을 보좌했습니다.

세종이 만든 법이 훗날 많은 문제를 일으키기도 했습니다. 바로 '부민고소금지법' 또는 '수령고소금지법'입니다. 이것은 백성들이 마을의 수령(왕이 지방에 파견한 관리)을 고소하지 못하도록 한 법입니다. 수령이 살인이나 역모 같은 중대한 죄를 저지른 것이 아닌 이상 백성은 수령을 고소할 수 없었어요. 세종은 이를 통해 수령의 권한을 강화함으로써 지방 향리 세력을 견제하고자 했습니다. 하지만 이 법은 훗날 수령의 권력 남용으로 백성들의 억울함을 가중하는 결과를 가져왔습니다.

훌륭한 지도자란 어떤 사람일까요?

세종은 신하들의 의견에 귀를 기울이고 아랫사람을 보살피며, 유교적 질서와 도덕을 널리 퍼뜨리려 노력했어요. 하지만 늘 모두가 만족할 만한 정책을 펼친 것은 아니었습니다. 백성들을 위한 정책을 많이 마련하기도 했지만, 국가의 영토를 넓히고 중앙의 통제력을 강화하려는 노력이 누군가에게는 고통을 주었습니다. 4군 6진을 설치하면서 어떤 이들은 북방으로 강제 이주해야 했고, 후대까지 지속된 부민고소금지법으로 인해 억울한 사람들도 생겨났어요. 명에 사대하여 나라의 평화를 지켰지만, 백성들은 매를 잡는 노역에 시달리거나 공녀로 끌려가는 희생을 치러야 했어요. 이들에게는 세종이 마냥 성군은 아니었을 것입니다.

이처럼 각자의 형편과 처지에 따라 세종에 대한 평가는 다를 수밖에 없습니다. 지도자가 지녀야 할 덕목과 가치관에 대한 의견도 사람마다 다양할 테죠. 다만 세종이 좋은 지도자였는지 판단하기 위해서는 그가 어떤 맥락에서 정치적 결단을 내렸고, 그 과정은 타당했는지, 나아가 유교 질서를 따르던 당대의 시각으로 보았을 때 그의 정책들이 납득할 만한지 살펴봐야겠지요. 이를 종합적으로 고려할 때, 여러분은 세종의 정치가 백성을 위한 것이었다고 생각하나요? 세종을 훌륭한 최고지도자라고 부를 만한가요?

너의 생각을 들려줘

세종이 훌륭한 지도자인 이유는 신분이 낮은 사람들과 소통하려고 노력했기 때문이다. 세종이 신하들과 소통하는 것을 얼마나 중요하게 생각했으면, 상중(喪中)에도 경연에 참석했다고 한다. 마음이 힘든 와중에도 신하들의 의견을 듣기 위함이었다. 세종이 백성을 위한 정책을 많이 펼 수 있었던 건 백성들의 고충과 신하들의 간언을 새겨들었기 때문이다. 소통 정치를 중시 여긴 세종은 좋은 지도자의 모범이라 부를 만하다.

한 나라의 지도자는 국가의 안보를 책임져야 한다. 세종은 백성을 위한 정책부터 왕조를 안정시키기 위한 기반까지 균형 있게 잘 마련했다고 생각한다. 4군 6진과 부민고소금지법은 비록 한계가 있지만, 백성들이 입을 수 있는 더 큰 피해를 예방했다. 만일 세종이 북방 지역과 지방 세력에 어떠한 조치도 취하지 않았더라면, 백성들은 북방 민족의 침입과 지방 유지들의 횡포로 고통받았을지도 모른다.

한 사람을 지나치게 신격화하는 것은 옳지 않다고 생각한다. 세종은 많은 업적을 남겼고, 좋은 자질을 갖춘 지도자였음은 분명하다. 하지만 세종 역시 자신이 집권했던 시대의 한계 속에서 살아간 인물이다. 세종은 백성들의 어려움을 알면서도 명나라 황제에 대한 사대를 그만두지 않았다. 또, 무리하게 4군 6진을 개척해 여진족은 삶의 터전을 잃고, 강제로 이주한 백성들도 고통을 받아야 했다. 잘한 것은 칭찬해야 하지만, 건강한 비판도 필요하다고 생각한다.

세종의 모든 정책이 완벽했던 것은 아니다. 하지만 세종은 자신의 결정에 책임을 지고 한계를 보완하려고 노력했다. 예를 들어, 부민고소금지법 때문에 백성들은 억울한 일을 겪고도 수령을 고소할 수 없었다. 하지만 세종은 이런 백성들의 사정을 듣고 관리를 파견해서 수령을 감시하게 했다. 그리고 억울한 사람이 다른 기관에 상소할 수 있도록 법을 개정했다고 한다. 처음에는 세종이 왕권을 강화하려는 욕심에 백성들을 희생시킨 것이 아닌가 생각했다. 하지만 법을 만든 이후 세종이 한 일들을 보니 그가 얼마나 백성을 생각하는 왕이었는지 알 수 있었다.

12장

임진왜란을 임진왜란으로 불러야 할까요?

●

1592년(선조 25) 5월, 도요토미 히데요시의 명령을 받은 일본군이 조선 앞바다에 침투하면서 전쟁이 시작되었습니다. 일본군은 빠르게 조선의 영토를 점령했고, 조선의 임금 선조는 한양을 떠나 평양으로, 나중에는 의주로까지 피난했습니다.
그러나 이순신이 이끄는 수군은 남해안에서 일본군을 연이어 격파했고, 각 지방에서는 의병이 일어나 일본군에 저항했습니다. 명의 군대가 조선을 돕기 위해 파병되어 일본군과 싸우기도 했습니다.
전쟁은 1598년 도요토미 히데요시의 사망으로 일본군이 철수하면서 끝이 납니다. 이 전쟁은 조선과 일본뿐만 아니라 명과 여진족 등 동아시아 전체에 큰 영향을 끼쳤습니다.

임진왜란이 임진왜란이 아닐 수도 있다고요?

임진왜란(壬辰倭亂)이 임진왜란이 아닐 수도 있다니요? 이게 무슨 뚱딴지같은 말일까요?

임진왜란은 1592년부터 1598년까지 이어진 조선과 일본, 명나라가 참여한 거대한 전쟁을 일컫는 역사 용어입니다. 그런데 임진왜란은 한국에서만 쓰는 말입니다. 일본과 중국에서는 다르게 표현하지요. 일본이나 중국을 비롯한 외국에서는 임진왜란이 임진왜란이 아닐 수도 있는 겁니다.

그럼 '임진왜란'은 어떤 뜻일까요? '임진(壬辰)'은 1592년 임진년을 뜻하고, '왜(倭)'는 일본을 낮춰 부르는 말입니다. 일본을 그렇게 일컫는 나라는 한국과 중국뿐입니다. '왜'는 고대부터 일본을 지칭한 말인데, 처음부터 비하의 의미를 담고 있지는 않았습니다. 그런데 13~16세기 무렵 왜구(일본 해적)들이 한국과 중국 앞바다에 자주 출몰해 극심한 피해를 일으키면서 왜라는 나라에 대한 이미지가 나빠졌다고 합니다. 자연스럽게 '왜'라는 표현도 부정적인 의미를 갖게 되었지요. 마지막으로 '란(亂)'은 난리나 반란을 뜻합니다. 즉, 임진왜란은 '임진년에 왜가 일으킨 난리' 정도의 의미를 담고 있습니다.

그렇다면 한국 사람들이 아직도 일본을 비하하는 의미가 담긴 용어를 사용하는 이유는 무엇일까요? 그것은 임진왜란을 끔찍한 전쟁으로 기억하고 있기 때문일 것입니다. 전쟁 중에 일본군은 많은 조선인을 약탈하고 죽였습니다. 일본군은 시체를 그냥 두지 않고 코나 귀를 베었습니다. 당시 도요토미 히데요시가 많은 적을 죽인 장수와 병사 들에게 상을 내렸는데, 코나 귀를 세어 죽인 사람의 수를 확인했기 때문입니다. 지금도 일본에는 임진왜란 때 전리품으로 베어 간 조선인들의 귀를 묻은 귀무덤이 있습니다. 귀무덤은 당시의 전쟁 문화와 참담한 피해를 짐작하게 하는 유적입니다.

전쟁 이후 조선의 유명한 관리 유성룡이 쓴 《징비록》에는 굶주림을 못 이긴 사람들이 인육을 먹는 장면이 나옵니다. 전쟁으로 인해 조선인의 삶이 얼마나 피폐해졌는지 헤아려 볼 수 있는 대목이지요.

'분로쿠 게이초의 역', 이 말이 탄생하기까지

그렇다면 일본은 임진왜란을 뭐라고 부를까요?

처음에는 '도요토미 히데요시의 조선 정벌'이라는 표현을 썼습니다. 도요토미 히데요시는 전쟁의 원인을 제공한 인물입니다. 일본을 통일한 권력자였던 그는 주변 나라를 정복해 거대한 제국을 세우려 했던 야심가였습니다. 그는 명나라를 정복하고자 조선의 길을 빌려 대륙에 갈 계획을 세웠습니다. 그런데 조선이 길을 내어 주지 않자 1592년 5월 23일(음력 4월 13일), 일본은 함대를 이끌고 부산 앞바다에 나타났습니다.

일본군은 파죽지세로 조선을 정벌해 나갔습니다. 전투 경험이 풍부하고 잘 훈련된 데다 조총이라는 신무기로 무장한 일본군은 빠른 속도로 조선군을 패퇴시키고 조선의 수도 한양을 향해 달려갔습니다. 한양이 함락당하자 선조는 한양을 떠나 평양으로 피신합니다. 이후 일본군은 평양까지 점령하고 조선을 위기에 빠뜨립니다. 선조는 압록강가의 의주로 피난했으며, 위기 상황에 처한 국가와 백성을 포기하고 명나라로 망명할 계획까지 세웠습니다.

하지만 도요토미 히데요시의 조선 정벌은 거기까지였습니다. 조선의 반격이 시작된 것입니다. 이순신이 이끄는 함대가 남해안에서 일본 수군을 잇달아 격파합니다. 바다를 통해 북쪽의 육군에게 식량과 물자를 보급하려던 계획이 어그러지자, 일본군은 조선 정벌을 이어갈 수 없었습니다. 게다가 각 지방에서 일어난 의병으로 일본군은 조선을 지배하는 데 어려움을 느끼고 있었어요. 여기에 명나라 군대가 조선을 돕기 위해 참전하고, 조선 관군도 전열(전쟁에 참가하는 부대의 대열)을 정비하면서 일본군은 후퇴하게 됩니다. 원치 않는 전쟁에 강제로 동원되었다고 느낀 일부 일본군 병사들이 탈영해 조선에 항복하는 일도 일어났어요. 그리고 1598년, 마침내 도요토미 히데요시가 죽자 일본군은 전쟁을 포기하고 철수합니다.

일본인들은 이 전쟁을 오랫동안 '도요토미 히데요시의 조선 정벌'이라 불렀습니다. 전쟁을 일으킨 것도 그였고, 전쟁을 마무리한 것도 도요토미 히데요시의 죽음이었기 때문입니다.

그런데 이 역사 용어는 1910년부터 변화를 맞이합니다. 1910년에 일제는 한일병합조약을 맺어 조선(대한제국)⇣을 식민지로 삼았습니다. 그 이후 일본에서는 '조선 정벌'이란 표현을 쓰기가 어려워졌습니다. 조선이 정벌의 대상이라는 표현은 조선

⇣ 1897년, 조선은 나라 이름을 대한제국으로 변경했다. 그러나 일본인들은 여전히 대한제국을 옛 이름인 조선으로 부르곤 했다.

이 일본의 식민지가 아닌 독립적인 국가라는 느낌을 주었기 때문이에요. 그래서 일본은 임진왜란을 부르는 명칭을 '분로쿠 게이초의 역(文禄慶長の役)'으로 변경합니다.

'분로쿠 게이초의 역'이란 무슨 뜻일까요? 분로쿠는 1592~1595년 일본 왕의 연호이고, 게이초는 1596~1615년 일본 왕의 연호입니다. '역'은 전쟁을 의미합니다. 그러니 분로쿠 게이초의 역은 분로쿠와 게이초 시대에 일어난 전쟁이란 뜻입니다. 임진왜란이 1592년부터 1598년까지 진행됐기에 이런 표현을 쓴 것입니다.

'분로쿠 게이초의 역'이라는 역사 용어는 사건이 일어난 시간과 그것이 전쟁임을 알려주는 표현으로 구성되어 있습니다. 일본은 현재까지 이 용어를 그대로 사용하고 있어요.

항왜원조? 명나라 군대는 정말 열심히 싸웠나요?

임진왜란의 또 다른 참여국인 중국(당시 명나라)에서는 임진왜란을 '항왜원조(抗倭援朝)'라고 부릅니다. '항왜원조'는 무슨 뜻일까요? 왜인들에 대항해 조선을 지원했다는 의미입니다. 당시 명나라는 많은 군사를 보내 조선을 지원했는데, 자신들이 조선을 '도와주었다'는 것에 초점을 맞춘 명칭이라고 할 수 있어요.

이와 비슷한 역사 용어가 20세기에도 등장합니다. 바로 '항미원조(抗美援朝)'입니다. 미국에 대항해 조선을 지원했다는 뜻이지요. 어떤 전쟁인지 짐작이 가나요? 바로 1950년 6월 25일에 일어난 한국전쟁을 중국의 시각에서 부르는 말입니다. 이때도 중국은 자신들이 조선에 도움을 준 사실을 강조합니다. 여기서 조선은 대한민국이 아닌 조선민주주의인민공화국, 즉 북한을 가리킵니다.

그렇다면 '항왜원조'라는 말은 역사적 사실을 잘 반영하는 말일까요? 명나라 군대는 정말 조선을 도와 일본군을 무찔렀을까요?

명나라는 이 전쟁에 처음부터 참여하지는 않았습니다. 그러나 명나라는 순망치한(脣亡齒寒), 즉 조선이라는 입술이 사라지면 자신의 이가 시릴 상황이었어요. 만약 조선이 일본과의 전쟁에서 패배하면, 명은 당장 일본군과 자국에서 싸워야 할 가능성이 높았거든요. 또한 조선은 오랜 세월 명과 사대관계를 맺고 명을 섬겨 왔기 때문에 조선의 상황을 그냥 두고 볼 수 없었죠. 명을 섬기는 나라를 보호해 주지 않으면 명을 중심으로 하는 질서가 무너질 터였습니다. 게다가 함경도 지방에 쳐들어온 일본 장수 가토 기요마사의 군대가 국경을 넘어 명의 만주 지방을 공격하는 일도 일어났습니다.

마침내 1592년 겨울, 명나라는 참전을 결정합니다. 조승훈이 이끄는 3,000명의 군사가 먼저 조선에 들어왔고, 이여송이 이끄는 4만 7,000명의 군사가 그 뒤를 이었습니다. 명군이 들어오자 선조는 감격하여 전국에 명 황제의 은혜를 알리는 공고문을 붙이게 했어요. 명군은 조선 관군과 연합하여 일본군을 무찌르고 평양성을 탈환합니다. 이어서 평안도와 황해도, 강원도를 되찾았고, 일본군은 한양까지 후퇴합니다.

그러나 명군의 진격은 여기까지였습니다. 기세등등하던 명군은 한양으로 들어가는 길목에서 벌어진 벽제관 전투에서 일본군에 패배하고 맙니다. 이후 명군은 전쟁에 적극적으로 참여하기보다는 일본과 평화 협상을 맺는 일에 주력하게 됩니다. 조선은 명군이 일본군을 몰아내길 원했지만 그렇게 되지는 않았습니다. 명의 관심은 조선 땅에서 일본군을 몰아내는 것이 아니라, 자신들의 안위를 지키는 것이었기 때문입니다. 명군이 다시 일본군 공격에 나선 것은 평화 협상이 어그러지고 난 후인 1597년부터였어요.

당시 조선인들 사이에 "일본군은 얼레빗, 명군은 참빗"이란 말이 유행했다고 합니다. 무슨 뜻이냐고요? 얼레빗은 성긴 빗을, 참빗은 빈틈없이 빽빽한 빗을 말합니다. 일본군이 지나간 자리에는 피와 고통이 있었지만 그래도 뭔가 남았는데, 명군이

지나간 자리에는 아무것도 남지 않을 정도로 수탈이 심했다는 의미입니다. 명군은 조선에 군량을 요구하는 등 백성들에게 극심한 피해를 주었습니다. 과연 명나라가 조선을 도왔다고 말할 수 있을까요?

전쟁은 동아시아에 어떤 영향을 끼쳤나요?

한국에선 '임진왜란', 일본에선 '분로쿠 게이초의 역', 중국에선 '항왜원조'. 같은 전쟁을 부르는 각기 다른 이름입니다. 이 밖에도 영어로는 'Imjin war(임진전쟁)', 'Japanese invasions of Korea(일본의 한국 침략)'라고 부르기도 합니다.

그런데 이 전쟁을 다른 이름으로 불러야 한다는 견해도 있습니다. 어떤 사람들은 이 전쟁이 동아시아 전체에 영향을 끼친 점을 고려해야 한다고 말합니다. 그래서 'The great East Asia war(동아시아 대전쟁)'이라는 표현을 쓰기도 합니다. 그렇다면 개별 국가가 아닌 동아시아의 관점에서 전쟁을 거시적으로 명명하고자 하는 이유는 무엇일까요? 이 전쟁이 동아시아 세계에 큰 변화를 일으켰기 때문입니다.

일본에서는 정치권력이 교체됩니다. 도요토미 히데요시가 죽고, 그의 후계자가 권력을 잡았지만 오래가지 않았습니다. 임진왜란 기간에 조선 출병에 나서지 않아 힘을 비축한 도쿠가와 이에야스가 세력을 일으켜 일본 최고 권력자의 자리에 올랐습니다. 그의 근거지가 에도(도쿄)였기에, 이때부터를 '에도시대'라고 합니다.

명나라도 거대한 변화를 맞이합니다. 명은 막대한 전쟁 비용으로 재정 위기를 겪게 됩니다. 명이 전쟁에 쓴 비용은 대략 은화 700만 냥이었습니다. 당시 명의 1년 세금 수입이 400만 냥 정도였으니 엄청난 수준이었지요. 이후 명 조정은 세금을 올리고 폭력적으로 걷는 폐단을 저질러 민심을 잃었습니다. 결국 농민들이 반란을 일으켰고, 명은 큰 혼란에 빠지게 되었습니다.

그런 와중에 만주 지방에서는 여진족이 힘을 키웁니다. 이전까지 여진족은 명과 조선의 관리를 받고 있었습니다. 그런데 임진왜란으로 두 나라가 여진족에 관심을 기울이지 못하는 사이, 여진족은 지도자 누르하치를 중심으로 강력한 세력을 형성했습니다. 강성해진 여진족은 임진왜란이 끝난 후 '후금(後金)'이라는 나라를 세웁니다(1616). 후금은 1636년에 '청(淸)'으로 나라 이름을 바꿔 중국을 지배하게 됩니다. 중국의 주인이 명에서 청으로 바뀐 것입니다. 이처럼 임진왜란은 일본과 중국에서 정권이 교체되는 데에 결정적인 영향을 미쳤습니다.

조선에는 어떤 변화가 있었을까요?

조선에서는 이 전쟁으로 민족의식이 생겨나고, 나라의 근간을 이루던 신분제가 크게 흔들리는 등 사회·문화적으로 큰 변화를 맞이합니다.

임진왜란 초기 조선 관군은 백성들을 지켜 주지 못했습니다. 그래서 일부 조선인은 일본군에 협력해 목숨을 부지하기도 하고, 일부 백성들은 자발적으로 의병을 조직해 일본군에 맞서기도 했습니다. 의병 활동은 조선 사람들의 인식에 큰 변화를 가져옵니다. 외부의 적과 싸우는 과정에서 우리는 같은 조선인이고, 이 나라는 우리의 나라라는 일종의 민족의식이 생긴 것입니다.

'의병'은 외적의 침입으로 나라가 위기에 처했을 때 자발적으로 싸운 의로운 병사들을 의미합니다. 의병은 단순히 가족과 마을을 지키기 위해 일어선 존재들이 아니었습니다. 그들은 조선이라는 국가를 수호하려고 했습니다. 의병장 고경명은 전국 각지에 격문을 보내 함께 의병 운동에 동참할 것을 호소했습니다. 또 다른 의병장 조헌과 승병장 영규는 한양을 되찾기 위해 진군하던 중 일본군과 싸우다가 죽고 맙니다. 만약 자신의 가족과 마을만 지키려고 했다면 전국에 격문을 보낼 필요도, 한양을 되찾으러 군대를 움직일 필요도 없었겠지요.

원래 의병은 평상시에는 허용될 수 없는 존재입니다. 조선은 태종 때부터 사병을 허용하지 않았으니까요. 무기를 보유하고 군대를 조직하는 것은 오로지 정부의 몫이었어요. 그러나 임진왜란 때는 정부에서도 의병을 조직하도록 독려했습니다. 정부가 가진 군사권이 백성들에게도 넘어간 것이지요. 이는 한편으로는 백성 스스로 국가 방어에 책임을 지게 되었다는 것을 의미하기도 했습니다.

한편 전쟁 도중 훈민정음 사용이 확대되었습니다. 전쟁 기간 선조는 어떻게 하면 백성들에게 자신의 뜻을 잘 전달할 수 있을까 고민했어요. 한문만 사용하는 것에는 몇 가지 문제가 있었습니다. 첫째, 한문을 읽고 쓸 줄 모르는 사람이 많았습니다. 한자는 지식인들의 문자였어요. 둘째, 한문을 쓰면 일본과 명나라 사람들도 읽을 수 있다는 점이 문제였습니다. 반면 훈민정음은 일본군과 명군이 알아볼 수 없다는 점이 큰 장점이었어요. 그래서 선조는 백성들에게 호소하는 글에는 훈민정음을 사용했습니다. 훈민정음의 사용은 중국인, 일본인과 다른 조선인의 정체성을 형성하는 데에도 영향을 끼쳤습니다.

정부는 전쟁 도중 물자를 확보하기 위해 공명첩을 판매했습니다. 공명첩이란 이름 쓰는 칸이 비어 있는 관직 임명장을 말

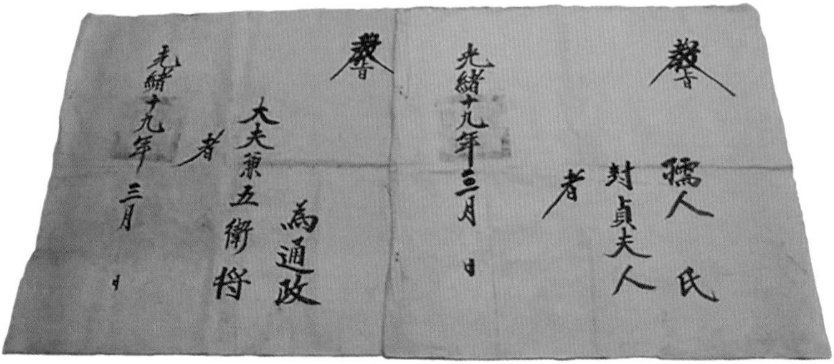

教旨
孺人 氏
封貞夫人 者
光緒十九年三月 日

教旨
爲通政
大夫兼五衛將 者
光緒十九年三月 日

임진왜란 때 이름이 비어 있는 관직 임명장인 공명첩이 거래되었다.

합니다. 왜 이름이 없는 임명장을 만들었을까요? 바로 임명장을 돈을 받고 팔기 위해서였습니다. 게다가 전쟁 중 노비 문서가 불타고, 많은 사람이 고향을 떠나 새로운 곳에 살게 되면서 기존의 신분 질서가 크게 흔들리게 됩니다. 참전할 의병을 모집할 때도 신분을 가리지 않았기에 신분 의식은 더욱 흐릿해졌습니다. 의병장 이천은 "충과 의에 관한 한 유학자부터 노비까지 다른 점이 없고 평등하다"라는 내용의 격문을 전국에 보내기도 했습니다. 적어도 충성과 의리에 관해서는 사회적 신분이 무의미함을 강조한 것이죠. 임진왜란 이후 지배층은 신분제도를 다시 공고히 하는 데에 집중했지만, 사회 전반적으로는 신분제도가 예전처럼 엄격하게 지켜지지 않았습니다.

임진왜란을 뭐라고 부르는 게 좋을까요?

지금까지 임진왜란이 다른 나라에서는 어떻게 불리는지, 임진왜란의 영향과 의미는 무엇인지 알아 보았습니다. 역사 용어는 단순히 사건을 부르는 명칭이 아닙니다. 예전부터 써 왔다고, 기억하기 쉽다고 그대로 사용해야 하는 것도 아니지요. 역사 용어는 그것이 가리키는 사건에 대한 관점을 포함하기 때문입니다. 동아시아 3국은 같은 전쟁을 치렀지만 전쟁에 대한 입장에 따라 각각 다른 용어를 사용하고 있습니다. 그러니 현재까지도 같은 사건을 바라보는 관점이 다를 수밖에 없습니다.

여러분은 나라에 따라 역사 용어를 다르게 쓰는 것이 문제가 된다고 생각하나요? 이 질문에 대한 의견은 각기 다를 수 있습니다. 다만, 역사 용어에는 그것을 이름 붙인 나라의 이해관계가 반영될 수 있고, 그에 따라 어떤 역사적 사실은 축소, 누락되거나 강조될 수도 있다는 점을 이해해야 합니다.

오늘날은 국제관계가 예전보다 아주 촘촘하게 연결되어 있습니다. 특히 한국은 이웃한 중국, 일본과 서로 지속적인 영향을 주고받는 관계라고 할 수 있습니다. 만약 일본이 이 전쟁의 공식 명칭을 도요토미 히데요시의 조선 정벌이나 분로쿠 게이초의 역으로 하자고 제안한다면, 한국으로선 쉬이 받아들이기 어려울 것입니다. 항왜원조라는 말도 마찬가지입니다. 반대로 일본 역시 임진왜란이란 명칭을 쉽게 받아들이지 않을 것입니다.

그렇다면 한중일이 모두 동의할 만한 역사 용어로는 무엇이 적당할까요? 세 나라 사람들이 받아들일 수 있으면서도 전쟁의 의미와 영향을 담아내려면 어떤 역사 용어가 괜찮을까요? 혹은 모든 나라가 똑같은 역사 용어를 사용해야 한다고 생각하나요?

너의 생각을 들려줘

한국의 입장에서 '임진왜란'이라는 표현을 사용해야 한다고 생각한다. 전쟁사에서는 침략당한 사람들의 역사가 중요하다고 생각한다. 어떤 피해를 입었는지, 피해를 입은 사람들이 이 사건을 어떻게 기억하는지 알아야 끔찍한 일이 반복되지 않을 수 있기 때문이다. 임진왜란이라고 해야 일본이 조선을 침략한 전쟁이라는 사실이 잘 드러난다.

이 전쟁에는 여러 나라가 참여했고, 그만큼 많은 이해관계가 얽혀 있다. 모두의 관점을 골고루 반영하는 것은 불가능하기 때문에, 차라리 특정한 관점이 담기지 않은 객관적인 용어를 사용하는 편이 낫다고 생각한다. 명과 여진족 등 주변 나라에도 영향을 미쳤다는 점을 생각해 보면 '동아시아 대전쟁'이라는 표현이 적절하다. 혹은 전쟁이 임진년에 일어났음을 표현한 '임진 전쟁'도 공통의 용어가 될 수 있다. 연도를 표기할 때 60갑자를 사용한 건 동아시아의 공통 문화였기 때문에 많은 사람이 공감할 수 있을 것이다.

모든 나라가 인정할 수 있는 단 하나의 역사 용어는 만들기도 어렵고, 만들 필요도 없다고 생각한다. 만약 하나의 용어를 정한다면 전쟁과 무관한 나라들이 쓰는 용어를 가져올 수 있을 것이다. 하지만 전쟁에 참여하지 않은 나라의 언어로 사건을 정확하게 표현할 수 있을까? 나라마다 다른 역사 용어를 사용하면, 오히려 각 나라가 어떤 입장을 가지고 그 용어를 만들었는지 의도를 파악하는 데 도움이 된다고 생각한다. 각각의 참전국에 그 전쟁이 어떤 의미였는지 알려면 서로 다른 역사 용어를 사용할 자유를 인정해야 한다.

'1592~1598, 7년의 고통'이라는 새로운 이름을 붙여보고 싶다. 기존 용어들에는 국가의 입장만 담겨 있어서 임진왜란이 일반 사람들에게 어떤 의미였는지 잘 드러나지 않는다. 이 7년의 시간은 국적에 관계없이 적국에 포로로 끌려가고, 강제로 참전해서 사람을 죽이거나 죽임을 당하고, 삶의 터전을 잃은 사람들 모두에게 고통스러운 시간이었을 것이다. 또 이런 일이 일어나지 않으려면 전쟁의 고통을 정확하게 기억해야 하지 않을까? 전쟁에 이름을 붙이는 목적은 전쟁을 기억하고 반성하는 일이어야 한다고 생각한다.

13장

좋은 법과 제도는 어떻게 만들어질까요?

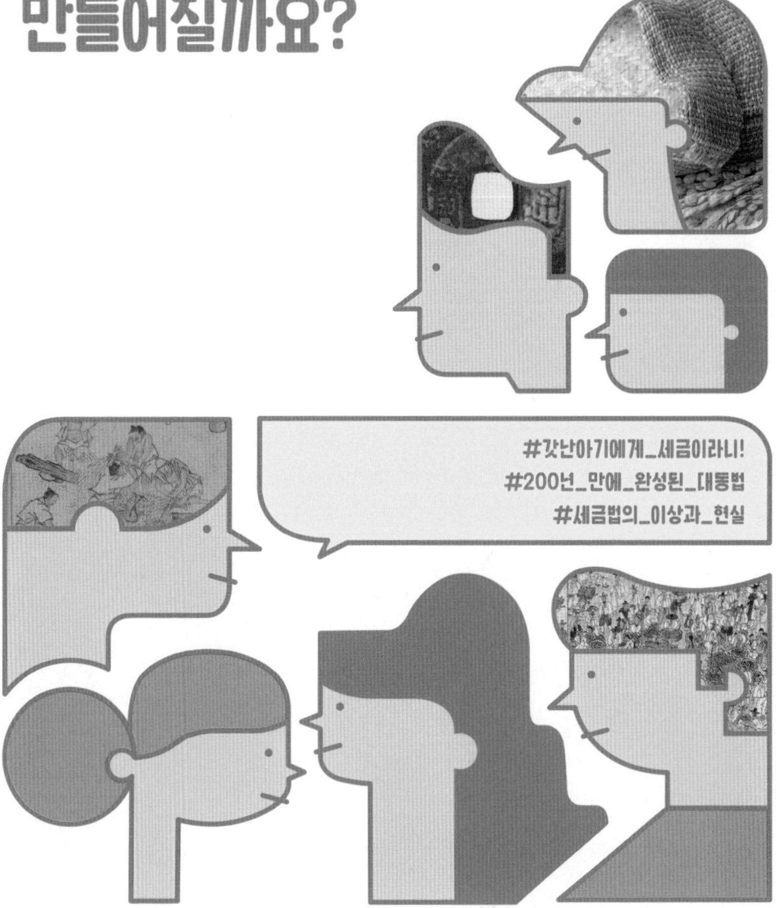

●

국가를 운영하기 위해서는 재정이 필요합니다. 국가의 재정은 대체로 세금으로 충당합니다. 조선시대에는 전세(田稅), 공납(貢納), 역(役)이라는 세금 제도가 있었습니다. 전세는 토지세를, 역은 국가에 노동력을 제공하는 것을 말하며, 공납은 특산물을 바치는 것을 의미합니다. 세금 제도가 모두에게 공평하게 운영된 건 아니었습니다. 조선은 불공정한 세금 제도를 해결하기 위해 다양한 법을 고안했습니다. 영정법, 대동법, 균역법은 조선시대 세금 제도를 개혁하기 위한 노력을 통해 마련되었습니다.

법은 사람들의 삶에 어떤 영향을 끼칠까요?

법은 사람들의 생활에 큰 영향을 끼칩니다. 사람들은 법으로 금지하는 행동을 하지 않으려 하고, 반대로 법에서 장려하는 활동은 더 많이 하려고 합니다. 그래서 정부는 이를 법에 활용하기도 합니다. 예컨대 사람들이 더 많이 했으면 하는 행동과 관련된 데에는 세금을 낮춰주고, 사람들이 하지 않았으면 하는 행동에는 세금을 더 많이 거두는 식입니다. 환경을 보호하는 상품에 세금이 적게 매겨지고 담배와 술에는 세금이 많이 붙는 것에는 이런 배경이 있지요.

반대로 사람들의 생활이 법에 영향을 미치기도 합니다. 기술이 발달하면서 교통, 통신 관련 법이 만들어졌고, 사람들이 개인정보 보호에도 관심을 가지면서 관련 법이 제정되기도 했어요. 한편 사회가 변화하면서 과거에 만들어진 법이 오늘날에는 의미 없게 되어 버리기도 합니다.

이렇듯 법은 사람들의 삶과 밀접하게 영향을 주고받습니다. 좋은 의도로 만든 법이 현실에서는 효력을 발휘하지 못하는 경우가 있고, 나쁜 법인 것을 알면서도 쉽게 고치지 못하는 사례도 있습니다. 처음 의도와는 다른 법을 만들기도 하지요.

이번 장에서는 조선시대의 세금 제도에 관해 이야기해 보겠습니다. 조선을 세금을 어떻게 거두었을까요? 세금 제도가 변화하면서 사람들의 생활은 어떻게 바뀌어 갔을까요? 또 반대로 사람들의 행동은 법의 작동과 변화에 어떤 영향을 끼쳤을까요?

좋은 의도만으로 좋은 법을 만들 수 있을까요?

먼저 '전세(田稅)'에 관해 이야기를 나눠 보겠습니다. 전세는 논밭에서 걷는 세금을 말합니다. 농사를 지어 곡식을 수확하면 수확한 곡식의 10분의 1가량을 전세로 내야 했어요.

국가 입장에서 이 전세는 매우 중요한 세금이었습니다. 조선은 농업 국가였고, 조선 사람 대부분이 농민이었기 때문입니다. 농민들이 세금을 제대로 내지 못하면 국가 운영이 어려워졌습니다. 하지만 무작정 세금을 많이 거둘 수는 없었습니다. 세율이 너무 높으면 백성들의 생활이 힘들어지고 민심을 잃을 수도 있었으니까요.

세종(재위 1418~1450)은 전세에 대한 고민이 깊었습니다. 그는 국가의 세금 수입을 일정하게 유지하면서도, 백성들이 세금을 부담으로 느끼지 않기를 바랐습니다. 이를 위해 세종은 여러 신하의 의견을 참고해, '공법(貢法)'이라는 전세를 걷는 새로운 세금법을 만들었습니다. 그리고 공법을 시행하기 전에 1430년 17만여 명에 이르는 농민들에게 찬반 의견을 물었습니다. 세금을 내는 당사자인 백성들의 의견도 들으려 했던 것입니다.

마침내 세종은 1444년(세종 26)에 공법을 확정, 시행했습니다. 공법에서는 가진 땅이 비옥할수록, 그리고 그해 농사 결과가 좋을수록 세금을 많이 내도록 했습니다. 이를 위해 땅의 비옥도를 6개 등급으로 나누고, 해마다 풍년과 흉년의 정도를 9개 등급으로 구분하게 했습니다. 비록 이런 방식은 매년 일정한 세금 수입을 유지하고자 한 처음 의도에는 맞지 않았지만, 그래도 백성들의 의견을 듣고 반영했다는 성과를 거두었죠.

그런데 공법은 현실에서는 제대로 작동하지 못하는 한계가 있었습니다. 왜 그랬을까요? 우선 전국에 있는 땅의 비옥도를 6개 등급으로 나누는 일이 문제가 되었습니다. 이 일을 세종이 살아 있는 동안 다하지 못해서 수십 년 후인 성종 때나 가서야 처음으로 완수했습니다. 게다가 땅의 비옥도는 세월이 흐르면 바뀌었기에 비옥도를 자주 조사해야 했지만 현실적으로 어려운 일이었습니다. 좋은 의도로 만든 법이지만 현실에 적용하기에는 너무 힘들었던 것입니다. 해마다 풍흉을 판정하는 일에 대한 백성들의 저항도 만만치 않았습니다. 백성들은 자기 마을의 농사 결과가 해마다 가장 낮은 등급으로 판정받기를 원했습니다. 그래야 세금을 적게 낼 수 있었으니까요. 지방 관리들도 농민들의 불만을 꺼려서 웬만하면 그해의 농사를 흉작으로 판정하는 경우가 많았습니다. 법이 본래 취지대로 운영되지 못했던 것입니다.

결국 공법은 조선 후기에 가서 '영정법'으로 대체됩니다. 영정법은 국가에서 그해 농사의 결과를 조사하지 않고, 농민이 보유한 토지를 기준으로 세금을 고정한 제도였습니다. 이때 세율은 공법에서 그해의 농사 결과가 가장 좋지 않을 때 판정한 것과 같게 했습니다. 이로써 세금을 부과하는 방식은 간단해졌으나 국가의 전세 수입은 매우 줄어들었습니다. 백성들은 전세 부담이 줄어들어 좋았을지 모르지만, 국가는 나라 운영에 필요한 예산을 마련하려면 줄어든 세금만큼 다른 영역에서 세금을 확보해야 했습니다. 그리고 이는 전세가 아닌 다른 분야의 세금이 늘어나는 결과를 가져왔습니다.

법을 고치는 것이 왜 그리 어려웠을까요?

조선시대의 또 다른 주요 세금으로 '공납(貢納)'이 있었습니다. 공납이란 지역의 특산물을 국가에 바치는 것이었어요. 사람들은 자신이 사는 지역에서 생산되는 물건, 생선, 채소, 과일, 동물 등의 공물을 국가에 바쳤습니다. 공납을 거두었다는 건 아직 상업이 덜 발달했다는 뜻이기도 합니다. 필요한 물품을 수도 한양의 상점에서 살 수 있다면 굳이 특산물을 세금으로 거둘 필요가 없었겠지요.

그런데 몇 가지 문제가 나타났습니다. 첫째로, 공물로 바치던 특산물을 구하기 힘들어지는 경우가 생겼어요. 수달 가죽을 공납한 지역을 예로 들어 볼게요. 공납을 위해 수십 년 동안 수달을 사냥했기에, 그 지역 수달의 씨가 마르고 사냥이 점점 어려워졌을 것입니다. 그렇지만 그 지역의 공물은 여전히 수달 가죽이었으므로 사람들은 수달을 잡기 위해 갈수록 더 많은 시간과 노력을 들여야 했겠지요.

둘째로, 상인과 관리가 모의해서 공납을 방해하는 폐단이 일어났어요. 이를 '방납'이라고 합니다. 잣이 특산물인 지역이 있다고 합시다. 그곳 지역민은 바쁜 농사철에 시간을 내서 열심히 잣을 따 모았습니다. 그런데 관청에 공납하려고 하자, 관리가 잣의 품질이 좋지 않다는 핑계를 대며 받아 주지 않는 겁니다. 다시 잣을 딸 시간이 없는 지역민은 상인을 찾아가 아주 비싼 값에 잣을 삽니다. 직접 딴 잣과 품질이 크게 다르지 않은데도 이번에는 관리가 흔쾌히 받아 줍니다. 그런데 처음부터 관리와 상인이 이 모든 상황을 꾸며 냈다면 어떨까요? 관리가 상인에게 뒷돈을 받은 것이지요.

이러한 방납의 폐단을 해결하기 위해 '대동법(大同法)'이 등장했습니다. 대동법은 특산물 대신 쌀이나 옷감(나중에는 동전까지 포함)을 세금으로 걷는 제도였어요. 그럼 국가에서는 필요한 특산물을 어떻게 마련했을까요? 정부는 세금으로 걷은 쌀이나 옷감을 '공인(貢人)'이라고 하는 특수한 상인에게 주고 정부에서 필요로 하는 특산물을 구해 오도록 합니다. 이로써 백성들은 특산물을 직접 구하지 않아도 되었고 국가는 특산물을 확보할 수 있었습니다. 방납의 폐단도 사라졌고요.

대동법은 가난한 사람들의 세금 부담을 줄여 주는 대신, 부자들에게는 더 많은 세금을 내게 했습니다. 이전에 시행했던 공납은 집집마다 세금을 부과했지만, 대동법은 땅 소유자에게만 세금을 거뒀기 때문이에요.

하지만 대동법을 시행하는 건 쉽지 않았습니다. 《조선왕조실록》에는 방납의 폐단이 조선의 제7대 왕 세조(재위 1455~1468)

때부터 기록되어 있습니다. 100여 년 뒤인 제14대 왕 선조(재위 1567~1608) 때까지도 방납의 문제가 심각하다는 내용이 곳곳에 등장합니다. 문제가 있다는 걸 알았음에도 100년이 지나도록 해결하지 못한 것입니다.

결국 대동법은 1608년(광해군 즉위년)이 되어서야 처음 시행됩니다. 그나마도 양반 지주들의 거센 반대로 인해 경기도에만 도입되었습니다. 방납은 부자들에게는 짭짤한 수익을 안겨 주는 수단이었기 때문이지요. 이후 1623년, 대동법은 강원도, 충청도, 전라도에 확대 시행되었습니다. 그리고 마침내 1708년(숙종 34)에 가서야 전국적으로 시행됩니다. 그러니까 문제를 파악하고 그 해결책을 부분적으로 시행하는 데 100년, 해결책을 전국의 모든 백성이 누리게 하는 데 또 100년이 걸린 겁니다. 무려 200년 만에 문제를 해결할 수 있었던 거예요.

군역을 운영하는 데 어떤 문제가 있었을까요?

세 번째로 살펴볼 조선시대의 세금은 '역(役)'입니다. '역'은 국가가 사람의 노동력을 동원하던 제도였어요. '역'에는 대표적으로 '요역'과 '군역'이 있었습니다. '요역'은 국가에서 공사를 할 때 사람을 동원하는 것을 말합니다. '군역'은 16~60세 남성을 군대에 보내 병사로 일하게 한 것이고요.

'군역'은 세월이 흐르며 점차 세금처럼 변질되어 갑니다. 처음에는 부유한 사람들이 대신 군대에 가 줄 사람을 구했어요. 당시에도 대리 입대는 불법으로 간주되었지만 요즘처럼 사진이 붙어 있는 신분증이 있는 것도 아니었기에 사람들 간의 거래를 철저히 통제할 수는 없었습니다.

그런데 조선시대에는 임진왜란과 병자호란 같은 굵직한 전쟁을 제외하면 외적의 침략이 많지 않았어요. 그러다 보니 군역도 느슨해졌습니다. 관청에서도 옷감을 받는 대가로 군역을 면제해 주는 관행이 생겼습니다. 어차피 전쟁이 일어나지 않으니 옷감이라도 받아서 관청의 예산으로 쓰는 것이 낫다고 생각했기 때문입니다. 이때 관청이 군역의 대가로 받는 옷감을 '군포'라고 했습니다. 제11대 왕 중종(재위 1506~1544) 때는 아예 이러한 관행을 공식적으로 제도화했어요.

문제는 조선 후기에 나타납니다. 임진왜란과 병자호란 같은 거대한 전쟁이 연이어 터지면서 조선에 대규모 군대가 필요해졌어요. 그런데 이 전쟁들로 많은 사람이 죽거나 외국에 끌려갔습니다. 여기에 17세기에는 대기근이 닥쳐서 조선 인구가 700만 명에서 560만 명으로 급격하게 감소했습니다.

군대를 유지할 돈은 필요한데 인구는 줄어들었으니, 한 사람당 내는 세금이 올라가는 것은 불 보듯 뻔했습니다. 그런데 '군역'은 양반과 학생 들에겐 해당하지 않았습니다. 관리와 학생은 군 면제 특권을 누렸기 때문이에요. 자연히 일반 백성들의 세금 부담이 매우 커졌답니다.

균역법은 어떤 타협을 거쳤을까요?

제21대 왕 영조(재위 1724~1776)는 이 문제를 해결하기 위해 신하들과 자주 토론했습니다. 백성들을 찾아가 의견을 묻기도 했어요. 이때 '호포론', '구포론', '결포론' 같은 다양한 의견이 나왔습니다. '호포론'은 가구마다, '구포론'은 사람 수마다, '결포론'은 보유한 토지 면적에 비례하여 군포를 걷자는 내용으로, 세 가지 의견 모두 신분에 상관없이 양반에게도 군포를 걷자는 내용이었어요. 특히 지체 높은 양반 집안은 가족 수가 많고 가진 땅이 넓은 경우가 흔했으므로 구포론이나 결포론을 채택하면 더 많은 세금을 낼 것이 예상되었어요.

영조는 내심 구포론이나 결포론을 바랐지만, 양반들이 거세게 반발할 것을 의식해 그들이 그나마 받아들일 법한 호포론을 지지했습니다. 그런데 가구당 군포를 걷으면 가족 수가 많든 적든 모든 가구가 같은 양의 군포를 내야 한다는 문제가 있었어요. 가난한 집에서는 세금을 제대로 걷지 못할 위험성도 있었습니다. 게다가 양반들은 호포론마저 받아들일 생각이 없었어요. 호포론이 시행되면 양반의 면세 특권이 사라지기 때문이었어요. 결국 결론이 나지 않은 상태로 시간만 하릴없이 흘렀습니다.

그러나 백성들의 고통을 더는 두고 볼 수 없었던 영조는 1750년, 16~60세 남성이 한 해에 내는 군포를 2필에서 1필로 낮춰 주었습니다. 이 법을 균역법(均役法)이라 합니다. 균역법으로 세금이 절반이나 낮춰졌으니 백성들은 환호했습니다.

영조는 균역법을 도입하기 위해 왕실의 수입 일부를 포기했습니다. 균역법을 시행하면 세금이 줄어드니 부족한 만큼 재원을 보충해야 했어요. 영조는 왕실 수입이었던 어류와 소금에 대한 세금을 국가의 수입으로 돌렸습니다. 다음으로 '선무군관포(選武軍官布)'라는 제도를 만듭니다. 부유한 양민들 중에는 세금을 피하려고 양반으로 신분을 속이거나 족보를 위조하는 사람들이 있었습니다. 영조는 그들에게 '선무군관'이라는 지위를 주고, 그 대가로 세금을 받았어요. 또한 땅이 많은 사람에게서도 추가로 세금을 거두었습니다.

영조는 백성들의 부담을 덜고, 양반들도 세금을 내게 하는 조세 제도를 만들고 싶어 했어요. 하지만 의도한 대로 제도를 온전히 만들지는 못했습니다. 대신 양반들과 적당히 타협하고, 실제 세금을 걷을 때 맞닥뜨리는 현실을 고려해 균역법이 탄생하게 되었답니다.

환곡은 어쩌다가 골칫거리가 되었을까요?

마지막으로 조선 후기에 세금처럼 여겨지던 '환곡(還穀)'에 대해 알아보겠습니다. '환곡'이란 백성들이 굶어 죽는 일을 방지하기 위해 만들어진 제도입니다. 농업 사회에서 수확기인 가을에는 먹을 것이 풍부하지만, 늦겨울과 초봄에는 식량이 부족할 때가 많았어요. 그나마 늦봄이나 여름에는 보리, 감자 등을 먹을 수 있었지만, 겨울에는 농사 자체가 어려웠기 때문이죠. 그래서 그 기간에는 국가에서 비축했던 식량을 백성들에게 빌려 주곤 했습니다. 대신 가을에 쌀을 수확하면 이자를 쳐서 갚게 했어요. 이 제도가 바로 '환곡'입니다.

그런데 조선 후기에 들어서 환곡이 세금처럼 변합니다. 대동법을 시행하면서 특산물 대신 쌀이나 옷감을 세금으로 거뒀다고 했지요? 그런데 그렇게 걷은 쌀을 모두 한양으로 올려 보내지는 않았어요. 그 양이 꽤 되어서 지방 관청에서 환곡을 위한 재원으로 삼고, 환곡 이자를 받아 관청의 비용으로 사용했답니다. 이런 관행이 널리 퍼지면서 환곡 이자가 지방 관청의 세금처럼 변하게 된 것이죠.

이 시기에는 환곡으로 많은 이익을 얻는 것이 지방 수령의 역량처럼 여겨지기까지 했습니다. 지방 관리들은 백성들에게 쌀을 더 많이 빌려 주고, 더 많은 이자를 받는 데 혈안이 되었습니다. 백성들이 원치 않는데도 억지로 쌀을 빌리게 하는 일도 있었어요. 그래서 언젠가부터 환곡은 백성들을 괴롭히는 골칫거리가 되었습니다.

굶주린 백성을 구제하기 위해 마련한 제도가 오히려 백성들을 수탈하는 데 사용되다니요! 좋은 의도로 만든 제도를 악용하는 사람의 문제였을까요? 아니면 지방에 충분한 예산을 주는 대신 환곡 이자를 관청의 운영비로 사용하게 했던 제도의 운용이 문제였을까요?

어떻게 하면 좋은 법을 만들 수 있을까요?

지금까지 살펴본 것처럼 조선 후기에는 영정법, 대동법, 균역법이라는 세 가지 법이 만들어졌습니다. 이 법들은 세금 부담이 컸던 백성들의 고통을 조금이나마 덜어 주었어요.

하지만 세금 문제는 온전히 해결되지 못했습니다. 조선 철종 때는 세금에 대한 불만 때문에 전국에서 민란이 일어났습니다. 특히 전세, 군역, 환곡은 백성들을 고통스럽게 했어요. 영정법, 대동법, 균역법도 세월이 흐르면서 원래 취지를 살리지 못했던 것입니다.

> 노전마을 여인의 그칠 줄 모르는 통곡 소리 / … / 하늘에 울부짖길 전쟁터 간 남편이 못 돌아오는 수는 있어도 / 남자가 자기 성기를 자른 건 들어 본 일이 없다네 / 시아버지는 돌아가신 지 오래고 어린 아들 아직 배냇물도 안 말랐는데 / 시아버지, 남편, 아들 삼대가 다 군적에 실리다니 / 관청 가서 아무리 호소해도 문지기는 호랑이요 / 향리는 으르렁대며 마긋간 소 몰아 가고 / … / 칼을 갈아 방에 들자 자리에는 피가 가득 / 자식 낳아 억지 세금 내게 된 것이 한스러워 그랬다네 / … / 부자들은 일 년 내내 풍류나 즐기면서 / 낟알 한 톨 비단 한 치 바치는 일 없는데 / 똑같은 백성 두고 왜 그리도 차별할까 / …

조선 후기 정약용이 쓴 〈애절양〉이라는 시입니다. 죽은 아비와 갓난아이에게도 군역이 부과되는 현실을 슬퍼하며, 아이를 낳은 것을 한탄하는 내용입니다. 충격적이게도 이 시에는 한탄 끝에 남성이 자기 성기를 스스로 절단해 버리는 장면이 등장합니다. 오죽 답답하면 그랬을까요? 이 시가 쓰였을 때는 균역법이 시행되어 제도상으로는 군포를 1년에 한 필만 내면 되었어요. 하지만 정작 현실에서는 죽은 사람과 갓난아이에게도 세금을 거두었습니다. 백성들의 생계를 개선해 줄 법은 있었지만, 시행 과정에서 문제가 발생한 것이죠.

조선의 세금 제도는 거듭 변화를 거쳤습니다. 정부는 세금이 상황에 맞지 않거나 백성들에게 지나친 부담을 줄 때마다 수정하려고 노력했어요. 그런데 이러한 노력이 늘 결실을 얻은 것은 아닙니다. 때론 좋은 의도를 갖고 만든 법이나 제도가 큰 변화를 가져오지 않았고, 때로는 법과 제도를 바꾸는 데 너무 오랜 시간이 걸리기도 했습니다. 사람들의 반대에 부딪혀 타협해야 할 때도 많았죠.

그렇다면 좋은 법이나 제도는 어떻게 만들어지는 것일까요? 그것의 좋은 취지를 오랫동안 살리기 위해서는 어떠한 노력이 필요했던 걸까요? 조선시대 백성들에게 적용되었던 법이나 제도의 사례를 통해, 좋은 법이나 제도를 유지하기 위해 필요한 것은 무엇일지 생각해 봅시다.

너의 생각을 들려줘

'악마는 디테일에 있다'라는 말이 있다. 어떤 문제의 원인이 눈에 잘 띄지 않는 곳에 숨어 있다는 뜻이다. 조선시대 세금법도 작은 빈틈을 놓친 것이 큰 문제로 나타났다고 생각한다. 남은 곡식을 지방 관청의 예산으로 쓰게 했던 대동법은 큰 틀에서는 좋은 법이다. 하지만 혹시 모를 부작용을 방지하기 위한 방책을 마련하지 못했다. 만약 지방에 기본적인 예산을 배정했거나 환곡 이자를 제한하는 법을 두었다면 고통받는 백성들이 줄었을 것이다. 좋은 법이나 제도를 만들기 위해서는 다양한 요소를 고려해서 부작용을 예방해야 한다고 생각한다.

법이 풍속이나 사회에 영향을 미칠 수는 있지만, 법을 만든다고 해서 바로 사회가 변하는 건 아니라고 생각한다. 대표적으로 쌀이나 화폐로 세금을 걷는 대동법은 조선의 상업이 발달하면서 도입될 수 있었다. 공인(貢人)이 활동하고 화폐가 유통되는 사회로 들어선 후에야 대동법이 전국적으로 시행된 것이다. 법이 현실에서 잘 작동하려면 그에 맞는 사회 환경을 마련하는 것이 중요하다고 생각한다. 법이 실현되고 정착할 수 있는 환경을 고민하고 조성하는 것까지가 법을 만드는 과정이 아닐까?

더 나은 사회를 만들기 위해 사회 불평등을 해소하는 법을 만들어야 한다고 생각한다. 하지만 그런 법을 만들기는 쉽지 않다. 모든 사람을 만족시키기가 어렵고, 특히 많이 가진 사람을 만족시키기가 힘들다. 조선시대를 살펴봐도, 힘이 센 집단이 반대하거나 법을 집행할 만한 권력을 가진 이들이 악용하여 원래 법의 의도를 실현할 수 없었다. **따라서 현실적으로 조금이나마 나은 법을 만들기 위해서는 여러 이해관계를 조율하여 타협하는 과정이 꼭 필요하다고 생각한다.**

14장

조선은 성리학 때문에 망했을까요?

●

성리학은 조선 사회의 지배 이념이었습니다. 국왕은 성리학 군주로서 백성을 위한 정치를 펼치도록 요구받았습니다. 선비들은 성리학 연구에 매진하고, 관료들은 성리학 이론에 따라 나라 살림을 보살필 정책을 모색했습니다. 백성들도 일상생활에서 충, 효, 절개와 같은 성리학 윤리를 따르게 되었습니다.

하지만 일제강점기를 거치며 성리학은 조선이 망하고 일본의 지배를 받을 수밖에 없었던 원인의 하나로 지목받았습니다. 그리고 그에 대한 반대 논리로, 조선이 스스로 강해질 수 있었다는 근거로써 실학을 주목하는 움직임이 이어졌습니다. 하지만 실학은 현실 정치에 적용된 적이 없다는 한계가 있었습니다.

성리학이 나라를 망쳤다고요?

1910년 8월 29일, 조선은 일본에 주권을 빼앗겼습니다. 충격에 빠진 조선인들은 무겁고 어려운 질문을 피해 갈 수는 없었습니다. '조선은 왜 망하게 되었을까?' 조선인들은 일본이 조선을 지배하는 날이 올 거라고는 상상도 하지 못했을 것입니다. 그동안 '왜놈', '오랑캐'라고 낮잡아 부르며 일본을 만만히 보았기 때문입니다. 그런데 그런 일본이 조선을 지배하게 된 것입니다.

몇몇 사람들은 나라가 망한 원인으로 성리학을 꼽았습니다. 일제강점기 독립운동가이자 역사학자였던 신채호는 성리학이 '나라를 멸망케 할 도덕'이라고 강조했어요. 같은 시기를 살았던 개화사상가이자 친일 소설가였던 이광수도 '조선 500년은 실로 유교(성리학)를 따르는 때였으니, 조선이 흥했다면 유교의 덕이요, 조선이 쇠락했다면 그것 역시 유교의 책임'이라고 성리학을 비판했습니다.

이는 비단 일제강점기를 살았던 사람들의 생각만은 아닙니다. 오늘날에도 성리학 때문에 조선이 망했다는 주장을 심심치 않게 들을 수 있습니다. 성리학이 대체 어떻게 나라를 망쳤다는 것일까요? 이러한 주장은 어떤 맥락에서 등장했을까요?

성리학은 어떤 학문인가요?

성리학은 유교(유학)의 한 종류입니다. 유교를 처음 체계화한 인물은 공자입니다. 공자는 중국의 춘추시대를 살아간 인물이에요. 당시 중국은 여러 나라로 갈라져 싸우고 있었습니다. 그래서 어떻게 하면 다툼을 해소하고 평화롭고 안정적인 사회를 만들 수 있을지 고민하는 사람들이 많았습니다. 공자도 그중 한 사람이었어요.

공자가 제시한 방법은 사회질서를 유지하는 것이었습니다. 이를 위해 공자는 서로 어질고 예의 있게 행동할 것을 강조했습니다. 특히 부모를 잘 섬기는 효(孝)를 중요하게 여겼어요. 사람들이 모두 효를 실천하고, 아랫사람이 윗사람에게 예(禮)를 행하고, 윗사람은 아랫사람에게 인(仁)을 베풀면 사회가 안정될 수 있다고 보았습니다.

기원전 2세기 중국 한나라 때 유교가 국가 운영의 핵심 사상으로 활용되면서 유교의 위상이 높아집니다. 이때 한나라 학자 동중서는 임금과 신하, 부모와 자식, 남편과 아내 사이에 위계를 두었습니다. 그 과정에서 신분에 따른 상하 질서를 잘 지키는 것이 중요한 덕목으로 받아들여집니다. 또한 동중서는 인간의 정치가 천재지변에 영향을 미친다고 해석했어요. 이에 따라 황제는 하늘을 변화시킬 수 있는 존재로 여겨지며 높은 권위를 갖게 되었습니다.

송나라 때는 유교의 한 종류인 '성리학'이 탄생합니다. 성리학은 유교를 바탕으로 하는 학문이기에 기본 틀은 유교와 비슷합니다. 유교와 마찬가지로 효와 사회질서 유지를 중요하다고 보았지요. 다만 여기에 추가된 것들이 있었습니다.

성리학에는 '이(理)'와 '기(氣)' 같은 추상적 개념들이 추가됩니다. '이'는 세상을 움직이는 원리를 말하고, '기'는 그 원리가 실제로 구현된 상태를 말합니다. 성리학은 이 두 가지 개념을 통해 우주와 만물의 이치와 현상을 설명할 수 있다고 주장합니다. 그리고 누구나 열심히 공부하고 지식을 깨치면 세상의 이치를 알 수 있다고 했습니다.

이러한 설명은 당시 중국 사회에 큰 변화를 가져왔습니다. 이전까지 유교는 사람 간의 관계와 올바른 정치를 하는 방법을 설명하는 학문이었어요. 삶의 이유를 고민하거나 세상의 이치가 궁금할 때는 유교가 별 도움이 되지 않았습니다. 그래서 사람들은 불교를 믿으며 삶의 이유를 찾으려 했고, 때론 주술이나 미신에 빠지기도 했습니다. 그런데 성리학이 등장하면서 사람들은 주술과 미신에서 벗어나게 됩니다. 누구라도 학문을 익히면 세상의 원리를 깨달을 수 있다고 믿게 되었기 때문이에요.

그리고 학문을 익혀 세상의 이치를 깨닫는 것은 '누구나 가능하다'라는 생각이 사회에 변화를 가져왔습니다. 이전까지 신하는 단지 군주가 세상을 다스리는 데 도움을 주는 존재로 인식됐어요. 그러나 성리학을 익힌 선비들은 관직에 나가는 것이 자신의 지식을 활용해 군주와 함께 세상을 다스리는 과정이라고 인식했습니다. 성리학에서는 '수신제가치국평천하(修身齊家治國平天下)'라는 말이 강조돼요. 자신을 먼저 갈고 닦은 다음에 가족을 화목하게 하고, 그 후에 나라를 다스리고 세상을 평화롭게 할 수 있다는 것입니다. 선비들이 학문을 익히면서 궁극적으로는 천하를 평화롭게 한다는 목적의식을 갖게 된 것이지요.

도대체 성리학이 조선을 어떻게 망쳤다는 걸까요?

조선이 일제에 지배당한 원인을 성리학에서 찾은 사람들은 성리학의 어떤 부분이 문제라고 생각했을까요? 성리학이 조선을 망쳤다는 주장은 일제강점기에 일제가 한국인에게 주입하려 했던 식민사관과 닮아 있습니다. 일제는 한국을 지배한 후 한국의 역사를 '정체성, 타율성, 당파성'이라는 세 단어로 규정합니다. 한국의 역사는 몇천 년 동안 발전하지 못한 채 정체되어 있었고, 항상 남에게 의존하는 타율성을 지녔으며, 당파를 나눠 신하들끼리 다투느라 나라가 망했다는 논리입니다. 일제는 이러한 식민사관을 통해 조선은 망할 만한 나라였으니 일제의 지배를 받는 것은 마땅했다는 생각을 조선인에게 심어 주려 했습니다.

조선이 망한 이유를 성리학에서 찾는 사람들은 첫째로, 성리학을 공부한 선비들이 다른 학문에 지나치게 배타적이었다는 점을 문제 삼습니다. 조선 선비들은 성리학 이외의 다른 학문을 공부한 이들을 사문난적(斯文亂賊)이라고 비난했습니다. 사문난적은 학문을 어지럽히고, 세상을 혼란하게 만드는 사람을 의미합니다. 성리학을 비판하는 사람들은 성리학자들의 이러한 태도를 지적합니다. 다른 학문에 배타적이어서 서양 학문과 과학기술을 제때 받아들이지 못했다고 생각하는 것이죠. 그래서 일본보다 근대화가 늦었고, 일본의 식민지로 전락하는 빌미를 주었다는 것입니다.

둘째로 중국에 대한 사대주의를 조선을 망친 원인으로 보면서, 그것이 성리학 때문이라고 비판하는 사람들이 있습니다. 조선은 성리학 질서에 따라 큰 나라인 중국을 예의로 섬기는 사대 정책을 펼쳤는데, 이 때문에 중국의 영향을 많이 받아서 조선의 자율성이 훼손되었다는 거예요. 조선은 실제로 나라 이름을 정할 때도, 새로운 국왕이 즉위할 때도 명의 허락을 받았습니다. 심지어 명나라가 망한 뒤에도 임진왜란 때 조선을 도와준 명 황제를 기리는 사당을 지어 제사를 지내기도 했답니다.

셋째로 성리학 때문에 당파 싸움이 심해져서 나라가 혼란해졌다고 생각하는 사람들이 있습니다. 조선시대에는 붕당이라는 정치 집단이 있었습니다. 보통 어떤 스승을 따르는지에 따라 붕당이 나뉘었는데, 비슷한 사상이나 이해관계를 공유하는 양반들이 같은 집단을 형성했습니다. 대체로 이황을 따르는 제자들은 동인(북인과 남인)을 이루었고, 이이를 따르는 사람들은 서인(노론과 소론)을 이루었습니다. 붕당은 다양한 문제를 놓고 권력을 다투었어요. 왕이 죽었을 때 왕의 어머니가 상복을 입는 기간 같은 성리학 예법도 갈등의 원인이 되었습니다. 성리학 비판자들은 정치인들이 이런 사소한 문제로 목숨을 걸고 싸운 것이 조선에 혼란을 불러일으켰다고 비난하곤 하지요.

직업과 성별에 따른 차별 또한 성리학이 비판받는 이유입니다. 조선시대에는 사농공상(士農工商)을 구분하고 직업에 따라 대우를 달리했습니다. 선비(사)를 우대하고, 농부(농)를 나라의 근간으로 보았으며, 장인(공)과 상인(상)을 천대했습니다. 성리학을 비판하는 사람들은 성리학이 직업에 따른 차별을 만들었으며 나라 발전을 가로막았다고 보았습니다. 상인과 장인을 하찮게 여기니 상공업이 발전하지 못했다는 것입니다.

성리학을 여성 차별의 원인으로 지적하기도 합니다. 조선시대 여성은 항상 남편에 대한 의리를 지키라고 강요받아 심지어 남편이 일찍 죽어도 재혼하지 못했습니다. 또한 능력이 있더라도 사회 활동에 나서기 어려웠고, 조선 후기에는 재산을 상속받을 때도 차별받았습니다.

이처럼 성리학은 조선시대의 다양한 사회문제의 원인으로 지목받습니다. 산업과 상업의 더딘 발전, 지나친 사대주의, 당파 싸움, 신분제도로 인한 문제, 여성에 대한 차별에 이르기까지 성리학의 영향이 컸다는 것입니다. 정말로 그럴까요? 성리학의 입장도 들어 봐야겠지요?

성리학을 위한 변명

그런데 자세히 들여다보면, 위에서 지목된 문제들이 전부 성리학 때문이라고 보기는 어렵습니다. 오히려 성리학이 조선에 긍정적 영향을 끼친 측면도 많았어요.

첫째로 성리학이 널리 퍼지면서 배움의 기회가 열렸습니다. 성리학에서는 누구나 학문을 익히면 세상의 이치를 알 수 있다고 주장한다고 했었지요? 조선시대 선비들은 평생 학문을 익히고 제자를 가르치는 일에 전념했습니다. 조선 후기에는 서당을 열어 일반 백성에게도 글과 학문의 기초를 가르쳤습니다. 성리학 덕분에 교육을 중시하는 풍토가 형성되고, 일반 백성들에게까지도 배움의 기회가 제공되었던 것입니다.

또한 중국에 대한 사대 정책을 편 데에는 합리적인 이유가 작용했습니다. 조선과 명은 지리적으로 가까웠습니다. 그래서 건국 초기에는 명과 긴장 관계에 놓이기도 했습니다. 명 황제에 조공하는 대가로 조선은 명과의 전쟁 위협에서 벗어날 수 있었습니다. 그 덕에 평소 대규모 군대를 유지하지 않아도 되었고 군사비 지출을 줄일 수 있었습니다. 조공의 대가로 황제의 답례품도 받았는데, 이 과정에서 경제적·문화적 교류가 이루어졌습니다. 성리학 질서에 따르기 위해서 사대 정책을 편 것만은 아니라는 것입니다.

나아가 성리학은 왕권의 절대화를 방지했습니다. 성리학을 공부한 선비들은 스스로 국가 운영에 책임이 있다고 여겼습니다. 그래서 왕의 의견이 잘못되었다고 생각하면 때로는 목숨을 걸더라도 뜻을 굽히지 않고 반대했습니다. 선비들은 붕당을 이루어 치열하게 현안을 토론하고 다른 정치 세력을 견제하기도 했습니다. 그뿐만 아니라 붕당은 왕과 일부 가문이 권력을 독점하는 것을 방지했습니다. 영조와 정조 때 붕당 간 다툼이 심해지자 붕당을 약화하는 정책을 펼친 적이 있습니다. 이것은 훗날 나이 어린 왕이 즉위하거나 왕의 통제력이 약해졌을 때 왕실의 외척이 권력을 독차지하는 문제를 가져옵니다. 붕당이 온전하게 운영되지 못하면서 외척 세도 가문을 견제할 수 없었던 것이지요.

이 밖에도 신분 질서는 성리학을 따르는 나라만의 특징은 아니었습니다. 성리학을 따르지 않았던 지역에서도 신분제도는 존재했습니다. 유럽 중세 사회도 제후와 기사, 농노로 이어지는 신분 구조가 견고하게 유지됐어요. 여성에 대한 차별은 조선뿐 아니라 이슬람권 국가들, 크리스트교를 믿는 유럽 국가들을 비롯해 세계 여러 곳에서 나타났던 현상이었습니다. 중세 유럽에서는 장남에게 유산을 상속하는 차별이 존재했습니다. 게르만족의 살리카법에서도 딸에게 토지를 상속하지 않았다는 사실이 확인되고요. 장남에게 상속을 몰아주는 관습은 어떤 사상이나 종교보다는 경제적인 문제가 원인이었다는 의견도 있습니다. 모든 자녀에게 똑같이 나눠 줄 토지가 부족해지자, 장남을 중심으로 상속해 가문의 지위를 유지하려 했다는 것입니다.

이런 점들로 미루어 보면 조선의 문제로 지적된 것을 전부 성리학의 탓으로 돌릴 수는 없겠지요?

만약 조선이 실학을 따랐더라면

성리학과 대비되면서 조선을 살릴 뻔했다고 이야기되는 학문이 있습니다. 바로 실학(實學)입니다. 실학은 18세기를 전후해 등장한 사회 개혁 사상입니다. 실학자들은 사실을 바탕으로 탐구하고 실생활에 유용한 학문을 추구했습니다. 실학은 성리학과 달리 조선 후기에 나타난 사회 전반적인 문제들을 해결하는 데 활용할 수 있다는 점에서 긍정적인 평가를 받아 왔습니다. 후세 사람들은 실학에 조선을 변화시킬 수 있는 근대적 사상이 내재해 있었다고 보았기 때문입니다.

먼저, 실학에서 근대적 민족의식이 싹트는 모습이 발견된다고 보았습니다. 실학을 연구한 학자들이 중국 중심의 인식에서 벗어나 조선의 시각으로 세계를 바라보기 시작했다는 것입니다. 실학자들은 조선 고유의 역사와 지리, 언어를 연구했습니다. 안정복은《동사강목》을 통해 한국의 역사를 집대성하고, 유득공은《발해고》를 통해 발해의 역사를 탐구했습니다. 또한 한반도의 지리를 상세하게 묘사한 《대동여지도》 제작과 우리 문자인 훈민정음 발음 연구도 실학자들에 의해 이루어졌습니다.

다음으로, 실학은 신분 질서를 비판하고 보다 평등한 사회를 꿈꾸었다고 평가됩니다. 실학자들은 신분제도를 부정적으로 인식하고 농민이 고통받는 현실을 개선해야 한다고 강조했습니다. 심지어 실학자 유수원은 신분제 폐지를 주장했어요. 홍대용은 일하지 않는 양반 계층을 비난했으며, 신분이 아닌 능력에 따라 관직을 임명하자고 역설했습니다. 실학을 대안 학문으로 보는 사람들은 지배자의 권력이 아래로부터 나온다는 정약용의 주장에도 주목합니다. 정약용이 민주주의 사회의 국민 주권 개념과 유사한 생각을 했던 선구자였다고 본 것이에요.

또한 실학이 상업의 발달을 주장한 데에서 자본주의의 실마리를 발견하기도 합니다. 실학자들은 조선이 주변 국가들보다 상업 발달이 더디다는 점을 문제로 지적했습니다. 그리고 그 대안으로 수레와 화폐, 청나라의 앞선 문물을 적극적으로 받아들여야 한다고 주장했습니다. 대표적으로 박제가는 《북학의》에서 상공업의 진흥과 수레 사용을 주장했으며, 박지원은 《열하일기》에서 화폐 사용을 역설했어요.

실학이 정말 나라를 살릴 뻔했을까요?

하지만 실학에서 근대적 사상을 기대하는 건 오해라는 의견도 있습니다. 실학자들도 기존 성리학자들과 마찬가지로 중국을 섬겼습니다. 실학자 박지원은 "명나라는 상국(上國)이고, 청나라는 대국(大國)"이라고 말한 바 있습니다. 이 말에는 청은 그저 큰 나라에 불과하고 마음으로 따라야 할 나라는 명이라는 인식이 담겨 있습니다. 박제가는 청의 선진 문물에 감탄했지만, 그 역시 명나라가 남긴 유산이라고 여겼습니다. 당시 조선 선비들은 명이 망하면서 '중화(中華)'의 본질은 무너졌지만, 조선이 그 '중화'의 가치를 이어받고 있다고 생각했어요. 청은 그저 중국 땅과 문물을 차지한 오랑캐라고 보았지요. 이러한 생각을 '소중화주의'라고 합니다. 실학자들이 한국 역사와 언어, 지리를 공부한 이유도 '중화'의 가치를 고수하는 나라가 조선뿐이라는 인식에서 비롯한 것이었습니다.

실학에서 민주주의의 단초를 발견할 수 있다는 주장도 쉽게 받아들이기 어렵습니다. 실학자 중에 신분제도를 비판한 사람들은 있어도, '왕'의 존재를 부정한 사람은 없기 때문입니다. 오히려 실학자들은 왕이 도덕성과 능력을 갖추고 백성을 위해 통치하기를 바랐습니다.

실학에 자본주의적 요소가 있었다는 견해 또한 다르게 볼 여지가 있습니다. 실학자 유형원, 이익, 정약용은 토지제도 개혁을 주장했습니다. 가난한 농민들에게 땅을 분배해서 농촌 생활을 안정화하자는 입장이었어요. 그런데 국가가 경제에 개입하는 것은 초기 근대 자본주의가 추구했던 모습과는 다소 거리가 있습니다. 또한 상업을 발전시켜야 한다는 박지원, 박제가의 주장도 개인의 이익 추구와 사적 소유권을 보장하는 자본주의와는 결이 달랐습니다. 이들은 실용적인 방법으로 백성의 생활 수준을 높이고자 화폐 도입, 수레 사용 등을 제안한 것이기 때문입니다.

이런 점들을 고려해 볼 때, 실학자들이 정말 성리학과 다른 근대적 학문을 추구한 것인지 의문이 듭니다. 사실 실학자들은 《주례》와 같은 유학의 옛 경전에서 자신들의 주장을 뒷받침할 근거를 찾았습니다. 비록 성리학자들과는 다른 관점으로 세상을 보려고 노력했지만, 실학자들 역시 유학을 따랐다는 점에서 시대의 한계를 뛰어넘지는 못한 것이죠.

게다가 실학은 민간에서 연구될 뿐 현실에서 정책에 반영되지는 못했습니다. 실학을 주장했던 이들은 권력 투쟁에서 밀려났거나 핵심 요직에 없었기 때문입니다. 그런데 실행되지 않은 학문이 어떻게 성리학의 대안으로 관심을 받게 되었을까요?

실학이 하나의 학문 경향으로 주목받기 시작한 것은 일제강점기였습니다. 역사학자 정인보는 한국 고유의 학문을 사람들에게 알리고자 '조선학 운동'을 펼칩니다. 그는 1931년부터 《동아일보》에 한국의 고전에 대한 해제를 꾸준히 실었습니다. 그러다 1935년 정약용 서거 100주년을 맞아 실학자들의 생애와 주장을 소개하는 글을 썼습니다. 여기서 실용적 학문이란 뜻의 '실학'이 본격적으로 조선 후기 학자들의 사상을 가리키게 되었어요. 이후 역사가들은 조선 후기 사회 개혁을 외친 여러 학자와 그들의 주장을 묶어 '실학'이라고 부르기 시작했답니다.

조선학 운동은 일제의 식민주의 역사학에 대한 학문적, 사회적 저항의 성격도 지니고 있었습니다. 일제는 정체성, 타율성, 당파성을 내세워 조선의 역사를 왜곡했다고 했지요? 정인보는 실학 연구를 소개하면서 조선인들이 스스로 변화를 위해 노력했으며, 실용적인 학문을 개발했음을 증명하려고 했던 거예요.

하나의 사상이 나라가 망하는 원인이 될 수 있을까요?

많은 사람이 조선이 망한 것을 성리학 탓으로 돌립니다. 그리고 만약 실학자들이 권력을 잡았다면 조선이 달라졌을지도 모른다고 말합니다. 그런데 이런 논의에서 우리가 간과하고 있는 것이 있습니다. 바로 어떤 문제의 원인을 모두 하나의 '사상'이나 '학문' 탓으로 볼 수 있느냐는 것입니다.

역사에서 사건의 원인과 결과를 파악하려는 노력은 매우 중요한 일입니다. 역사에 질문을 던지고 성찰하는 과정에서 과거를 반면교사 삼거나 더 나은 미래를 모색할 수 있기 때문이지요. 하지만 그 과정에서 역사적 사건이 일어난 원인을 한 가지로만 규정하려는 태도는 경계해야 합니다. 역사는 매우 복합적이어서 한 가지 원인 때문에 어떤 결과가 나타난다고 보기 어렵습니다. 특정한 원인에만 골몰하게 되면 오히려 역사를 정확하게 이해하기 어려워질 수 있습니다.

그렇다면 과연 성리학이 나라를 망쳤고 실학은 나라를 살릴 대안이었다고 말할 수 있을까요? 역사적 인과관계를 정확히 파악하려면 더 깊이 있는 고민과 상상력이 필요하지 않을까요?

너의 생각을 들려줘

만약 조선이 망하지 않았다면 성리학이 이렇게까지 비판받았을까? 성리학에 한계가 없었던 건 아니지만, 너무 결과론적인 비판이라는 생각이 들었다. 조선이 망했기 때문에 사람들은 어떻게든 그 원인을 찾고 싶어 한 것이다. 그러나 어떤 사건의 원인을 찾는 것은 복잡하고 어려운 일이다. 여러 가지 일이 크고 작은 영향을 미칠 수 있기 때문이다. 그런데 성리학이 희생양이 되는 바람에 다양한 원인을 논의할 수 없게 된 것 같아 아쉽다.

시대에 따라 그 시대가 요구하는 사상도 달라진다. 조선의 모든 사건을 성리학 탓으로 돌릴 수는 없다. 하지만 조선은 국가 운영에서 성리학적인 가치를 바탕으로 두었다. 국어 시간에 배운 〈허생전〉을 보면, 당시 조선 백성들은 굶주렸고 선비들은 허위의식에 빠져 있었다. 이런 상황에서 신분제를 비판하고 상공업 진흥을 주장했던 실학자들의 의견이 정책에 반영되었더라면 어땠을까? 조선에 조금은 활력이 되지 않았을까? 실학이 아니더라도 조선 후기는 새로운 사상이 필요했던 시기였다.

조선 안에서 조선이 망한 이유를 찾으려고 하면 역사적 인과관계를 정확히 파악할 수 없다고 생각한다. 비슷한 시기에 다른 국가에 지배당한 나라는 조선만이 아니었기 때문이다. 좀 더 넓은 시각에서 여러 제국이 세계 각지에서 패권을 잡았던 국제 정세를 살펴봐야 한다. 무엇보다 조선의 패망은 조선이 자초한 일이라고 여기면, 일본이 조선을 지배하는 과정에서 벌였던 만행과 폭력에 책임을 묻기 어려워진다. 조선이 왜 망했는지를 묻기보다는 일본은 왜, 어떻게 조선을 공격했는지 물어야 하는 것이 아닐까?

참고 자료

책의 기획 과정에서 도움을 받은 자료

이동욱, 〈'백워드' 설계로 매시간 '학생 주도형 토론 수업' 만들기〉, 찾아가는 직무연수 자료집, 경기도교육연수원, 2017.

이동욱·김용천·한슬기·손석영·이충모·맹수용·정의진, 〈논쟁이 살아있는 역사교실 이야기〉, 경기도교육청, 2019.

키쓰 바튼·린다 렙스틱, 《역사는 왜 가르쳐야 하는가》, 김진아 옮김, 역사비평사, 2017.

1장 농경과 목축으로 인간의 삶이 나아졌을까요?

권오영, 《삼국시대, 진실과 반전의 역사》, 21세기북스, 2020.

스기야마 마사아키, 《유목민의 눈으로 본 세계사》, 이경덕 옮김, 시루, 2013.

유발 하라리, 《사피엔스》, 조현욱 옮김, 김영사, 2015.

이항·천명선·최태규·황주선, 《동물이 건강해야 나도 건강하다고요?》, 휴머니스트, 2021.

재레드 다이아몬드, 《총, 균, 쇠》, 김진준 옮김, 문학사상사, 1998.

제임스 C. 스콧, 《농경의 배신》, 전경훈 옮김, 책과함께, 2019.

최준채 외, 《고등학교 한국사》, 금성출판사, 2019.

2장 고조선의 역사는 우리 민족의 기원을 보여 줄까요?

김태웅 외, 《중학교 역사 2》, 미래엔, 2020.
송호정, 《한국 고대사 속의 고조선사》, 푸른역사, 2003.
송호정·임기환·여호규, 《한국 고대사 1》, 푸른역사, 2016.
이병인 외, 《중학교 역사 2》, 비상교육, 2020.
일연, 《완역 삼국유사》, 박성규 옮김, 서정시학, 2009.
젊은역사학자모임, 《욕망 너머의 한국 고대사》, 서해문집, 2018.
한국민족문화대백과사전, '신채호'.

3장 근초고왕·광개토왕·진흥왕, 꼭 기억해야 할까요?

고경희, 〈고구려 안악3호분의 음식문화〉, 《한국식생활문화학회지》 제31권 1호, 2016.
국사편찬위원회, 《신편 한국사 8》, 1998.
권오영, 《삼국시대, 진실과 반전의 역사》, 21세기북스, 2020.
김부식, 《원문과 함께 읽는 삼국사기》, 박장렬 외 옮김, 한국인문고전연구소, 2012.
송호정·임기환·여호규, 《한국 고대사 1》, 푸른역사, 2016.
전호태, 《고분벽화로 본 고구려 이야기》, 풀빛, 2010.
젊은역사학자모임, 《욕망 너머의 한국 고대사》, 서해문집, 2018.
〈각저총 씨름도가 말하는 고구려의 전통과 개방성〉, 《매일경제》, 2017. 11. 30.
〈신라인의 삶을 읽어 내는 텍스트, 토우〉, 국립중앙박물관 홈페이지〈https://www.museum.go.kr/site/main/relic/recommend/view?relicRecommendId=166326〉.

4장 불교는 지배의 도구였을까요, 평민들의 위안이었을까요?

국사편찬위원회, 《신앙과 사상으로 본 불교 전통의 흐름》, 두산동아, 2007.

권오영, 《삼국시대, 진실과 반전의 역사》, 21세기북스, 2020.

김재홍·박찬흥·전덕재·조경철, 《한국 고대사 2》, 푸른역사, 2016.

김태웅 외, 《중학교 역사 2》, 미래엔, 2020.

일연, 《완역 삼국유사》, 박성규 옮김, 서정시학, 2009.

자현, 《자현 스님이 들려주는 불교사 100장면》, 불광출판사, 2018.

〈2020년 특별전시 '손안의 부처' 소개글〉, 국립진주박물관 홈페이지〈https://jinju.museum.go.kr/kor/html/sub02/0202.html?mode=V&mng_no=88〉.

5장 신라는 정말로 삼국을 통일했나요?

박노자, 《거꾸로 보는 고대사》, 한겨레출판, 2010.

소재윤, 〈백제 왕실(국영) 창고시설의 특징과 운영〉, 《문화재》 제45권 4호, 2012.

송호정·임기환·여호규, 《한국 고대사 1》, 푸른역사, 2016.

신형준, 《신라인은 삼국 통일을 말하지 않았다》, 학고재, 2017.

역사비평 편집위원회 엮음, 《역사용어 바로쓰기》, 역사비평사, 2006.

연민수, 〈백제 귀실씨와 일본의 후예씨족〉, 《백제학보》 제17호, 2016.

젊은역사학자모임, 《욕망 너머의 한국 고대사》, 서해문집, 2018.

〈독사신론〉, 《대한매일신보》, 1908.

〈우리 고대사의 변방, 말갈인을 찾아서〉, 《한겨레》, 2019. 8. 16.

6장 중앙과 지방이 균형 있게 발전하려면 어떻게 해야 할까요?

강호선·박진훈·이종서·한정수, 《고려시대사 2》, 푸른역사, 2017.

김인호·박재우·윤경진·추명엽, 《고려시대사 1》, 푸른역사, 2017.

박종기,《고려사의 재발견》, 휴머니스트, 2015.

송호정·임기환·여호규,《한국 고대사 1》, 푸른역사, 2016.

정약용,《유배지에서 보낸 정약용의 편지》, 박지숙 엮음, 보물창고, 2015.

최준채 외,《고등학교 한국사》, 금성출판사, 2019.

7장 과거제도는 더 나은 사회를 만들었나요?

김인호·박재우·윤경진·추명엽,《고려시대사 1》, 푸른역사, 2017.

디지털고창문화대전, '황윤석'〈http://gochang.grandculture.net/gochang/toc/GC02800778〉.

미야지마 히로시,《한중일 비교 통사》, 박은영 옮김, 너머북스, 2020.

박종기,《고려사의 재발견》, 휴머니스트, 2015.

박현순, 〈조선시대 과거 수험서〉,《한국문화》 제69호, 2015.

한국민족문화대백과사전, '과거'.

한국민족문화대백과사전, '이재난고'.

한국역사연구회,《고려시대 사람들은 어떻게 살았을까 1》, 현북스, 2022.

〈[이기환의 Hi-story] '최고 5만대 1'의 극한경쟁률… 조선시대 과거시험의 비밀〉,《경향신문》, 2021. 11. 22.

〈[이윤석의 조선 후기史 팩트추적(3)] 전국에서 몰린 수험생 넘쳤던 19세기 말 한양〉,《월간중앙》, 2021. 3. 17.

〈조선의 과거제도 속으로〉 연재 글 #1~#6, 한국역사연구회 홈페이지, 2013~2014〈http://www.koreanhistory.org/〉.

〈500년 쌓인 모순 뒤엎은 그들 "두번 다시 나라를 그르치지 말자"〉,《조선일보》, 2022. 4. 6.

8장 진정한 권력은 어떻게 만들어질까요?

국사편찬위원회, 《신편 한국사 18》, 1993.

김인호·박재우·윤경진·추명엽, 《고려시대사 1》, 푸른역사, 2017.

디지털화순문화대전, '백제부흥운동'〈http://hwasun.grandculture.net/hwasun/toc/GC05600476〉.

박종기, 《고려사의 재발견》, 휴머니스트, 2015.

최준채 외, 《고등학교 한국사》, 금성출판사, 2019.

한국역사연구회, 《고려시대 사람들은 어떻게 살았을까 2》, 현북스, 2022.

〈고려 무신집권기의 삼국부흥운동〉, 《더퍼블릭뉴스》, 2021. 10. 28.

9장 원 간섭기는 굴욕의 시기이기만 했을까요?

국사편찬위원회, 《고려사》, 한국사데이터베이스 홈페이지〈http://db.history.go.kr/KOREA/〉.

김인호·박재우·윤경진·추명엽, 《고려시대사 1》, 푸른역사, 2017.

도면회 외, 《고등학교 한국사》, 비상교육, 2020.

박종기, 《고려사의 재발견》, 휴머니스트, 2015.

이강한, 《고려와 원제국의 교역의 역사》, 창비, 2013.

이명미, 〈역사·한국사 교과서 '고려-몽골 관계' 서사 재구성 제안〉, 《역사교육》 제160호, 2021.

정동훈, 〈고려-몽골 관계사를 재구성하는 두 가지 연구 방법론〉, 《역사와 현실》 제95호, 2015.

한국민족문화대백과사전, '원 간섭기'.

한국민족문화대백과사전, '조인규'.

한국역사연구회, 《고려시대 사람들은 어떻게 살았을까 2》, 현북스, 2022.

〈[유성운의 역사정치] 고립을 풀고 평화를… 고려 운명이 바뀐 날〉, 《중앙일보》, 2018. 6. 3.
〈하층민들 신분 상승 봇물… 재상 반열 오르기도〉, 《중앙선데이》, 2013. 12. 1.

10장 정몽주는 충신, 정도전은 혁명가, 이방원은 명군일까요?

국사편찬위원회, 《조선왕조실록》, 한글 번역 데이터베이스〈http://sillok.history.go.kr/〉.
김보정, 〈조선 초기 정몽주에 대한 인식〉, 《포은학연구》 제9권, 2012.
김윤주, 〈조선 초기, '조선 건국'에 대한 역사 인식의 형성과 추이〉, 《사학연구》 제142호, 2021.
김인호, 〈정도전, 혁명의 설계자와 역적의 사이에서〉, 《내일을 여는 역사》 제46호, 2012.
김인호, 〈정몽주 숭배의 변화와 위인상〉, 《역사와 현실》 제77호, 2010.
박영규, 《조선명저기행》, 김영사, 2018.
박홍규·이세형, 〈태종과 공론정치: '유신의 교화'〉, 《한국정치학회보》 제40권 3호, 2006.
방상근, 〈정도전을 바라보는 두 개의 시선〉, 《정치사상연구》 제23집 1호, 2017.
신철희, 〈선한 참주론과 태종 이방원〉, 《한국정치학회보》 제48권 1호, 2014.
조유식, 《정도전을 위한 변명》, 휴머니스트, 2014.
최준채 외, 《고등학교 한국사》, 금성출판사, 2019.
한국민족문화대백과사전, '태종'.
한국역사연구회, 《조선시대 사람들은 어떻게 살았을까 1》, 현북스, 2022.
〈[이기환의 흔적의 역사] 선죽교의 핏자국은 정말 있는가〉, 《경향신문》, 2016. 3. 4.

〈'젠틀맨'에서부터 '섹시'까지… 이방원, 드라마 속 변천사〉, 《동아일보》, 2016. 2. 28.
〈현실에서 쥔 칼자루 드라마에도 휘둘렀네〉, 《시사인》, 2017. 4. 12.

11장 세종은 훌륭한 최고지도자였을까요?

국사편찬위원회, 《조선왕조실록》, 한글 번역 데이터베이스〈http://sillok.history.go.kr/〉.
만인만색연구자네트워크, 《한뼘 한국사》, 푸른역사, 2018.
박시백, 《박시백의 조선왕조실록 4》, 휴머니스트, 2015.
소순규, 〈사회경제사로 윤색된 뉴라이트 '유교망국론'〉, 《역사비평》 통권 136호, 2021.
이규철, 〈세종의 정벌은 정당한 전쟁이었는가〉, 《역사비평》 통권 138호, 2022.
이영훈, 《세종은 과연 성군인가》, 백년동안, 2018.
정다함, 〈세종 성군 논란을 통해 본 뉴라이트 역사인식의 확산과 한국사 연구의 '탈식민' 문제〉, 《역사비평》 135호, 2021.
한국갤럽조사연구소, 〈한국인이 좋아하는 40가지 [사람편]〉, 2019. 10. 31 〈https://www.gallup.co.kr/gallupdb/reportContent.asp?seqNo=1057〉.
한국민족문화대백과사전, '정인지 서문'.
홍순민 외, 《조선시대사 1》, 푸른역사, 2015.
〈'영웅 중의 영웅' 세종대왕〉, 《시사저널》, 2007. 10. 22.
〈오늘 한글날 반포 510주년, 한글학회 주최로 기념행사〉, 《동아일보》, 1956. 10. 9.
〈임금과 대통령 수명이 짧다고… 스트레스에도 더 오래 사는 이유〉, 《경향신문》, 2022. 3. 7.

12장 임진왜란을 임진왜란으로 불러야 할까요?

국사편찬위원회, 《신편 한국사 32》, 1997.

김자현, 《임진전쟁과 민족의 탄생》, 너머북스, 2019.

미야지마 히로시, 《한중일 비교 통사》, 박은영 옮김, 너머북스, 2020.

한국역사연구회, 《조선시대 사람들은 어떻게 살았을까 2》, 현북스, 2022.

홍순민 외, 《조선시대사 1》, 푸른역사, 2015.

〈왜구난동이냐, 조선정벌이냐, 항왜원조냐〉, 《한겨레》, 2012. 2. 3.

〈임진왜란 그후 ②…명(明), 은 부족에 경제위기〉, 《아틀라스 뉴스》, 2019. 6. 14.

〈임진왜란때 일본에 잡혀간 조선인들 세계 각국에 노예로 팔려갔다〉, 《KBS》, 1996. 9. 5.

〈[토요기획] "조선인 돈 된다"… 아이-여자까지 새끼줄로 목 묶어 끌고가〉, 《동아일보》, 2017. 9. 9.

13장 좋은 법과 제도는 어떻게 만들어질까요?

국사편찬위원회, 《신편 한국사 30》, 1998.

김백철, 〈17~18세기 대동·균역의 위상〉, 《국학연구》 제28호, 2015.

소순규, 〈세종대 공법 도입의 재정적 맥락〉, 《역사와 현실》 제118호, 2020.

오기수, 〈조선시대 전세(田稅)의 공평에 관한 연구〉, 《세무학연구》 제27권 1호, 2010.

홍순민 외, 《조선시대사 1》, 푸른역사, 2015.

14장 조선은 성리학 때문에 망했을까요?

만인만색연구자네트워크 미디어팀, 《만인만색 역사공작단》, 서해문집, 2021.

홍순민 외, 《조선시대사 1》, 푸른역사, 2015.

미야지마 히로시, 《한중일 비교 통사》, 박은영 옮김, 너머북스, 2020.
한국민족문화대백과사전, '실학'.
한국역사연구회, 《조선시대 사람들은 어떻게 살았을까 1》, 현북스, 2022.
한국역사연구회, 《한국사, 한 걸음 더》, 푸른역사, 2018.
허태용, 〈성리학으로 조선시대를 설명하는 연구 경향의 비판적 고찰〉, 《역사비평》, 통권 127호, 2019.
홍원식, 〈동중서 철학의 중국 유학사적 위치〉, 《동아인문학》 제39집, 2017.
〈실학별곡-신화의 종언〉 연재 기사, 《중앙선데이》, 2018. 3. 17.~2018. 7. 21.

이미지 출처

강원도청

경기도박물관

국립경주박물관

국립김해박물관

국립민속박물관

국립전주박물관

국립중앙박물관

규장각한국학연구원

동북아역사재단

메트로폴리탄박물관(The Metropolitan Museum Of Art)

문화재청

불교신문

셔터스톡

전쟁기념관

진도군관광문화

한국데이터베이스산업진흥원

한국문화정보원

한국조폐공사박물관

〈https://blog.naver.com/cholong68/222430933320〉

Meyer C. et al., "Early Neolithic executions indicated by clustered cranial trauma in the mass grave of Halberstadt", *Nature Communications 9*: 2472, 2018.

역사를 질문하는 역사 1

1판 1쇄 발행일 2022년 8월 29일
1판 3쇄 발행일 2024년 4월 22일

지은이 김선진

발행인 김학원
발행처 (주)휴머니스트출판그룹
출판등록 제313-2007-000007호(2007년 1월 5일)
주소 (03991) 서울시 마포구 동교로23길 76(연남동)
전화 02-335-4422 팩스 02-334-3427
저자·독자 서비스 humanist@humanistbooks.com
홈페이지 www.humanistbooks.com
유튜브 youtube.com/user/humanistma 포스트 post.naver.com/hmcv
페이스북 facebook.com/hmcv2001 인스타그램 @humanist_insta

편집주간 황서현 편집 윤소빈 이영란 디자인 유주현
조판 홍영사 용지 화인페이퍼 인쇄·제본 정민문화사

ISBN 979-11-6080-887-2 44910
ISBN 979-11-6080-907-7 44910(전 2권)